보험공단 | 직무시험(법률)

고시넷

요양직

노인장기
요양보험법

조문요약 및 이론/빈출OX문제/기출예상문제

▷「노인장기요양보험법」(시행령 및 시행규칙 제외)
▷ 20문항/20분_5회 모의고사 수록

gosinet
(주)고시넷

www.gosinet.co.kr

최고 강사진의
동영상 강의

03:47 / 10:00

수강생 만족도 1위

류준상 선생님

- 서울대학교 졸업
- 정답이 보이는 문제풀이 스킬 최다 보유
- 수포자도 만족하는 친절하고 상세한 설명

고시넷 취업강의 수강 인원 1위

김지영 선생님

- 성균관대학교 졸업
- 빠른 지문 분석 능력을 길러 주는 강의
- 초단기 언어 영역 완성을 위한 강의
- 언어 영역의 자신감을 심어 주는 강의

고시넷 한국사 대표 강사

유남훈 선생님

- 동국대학교 졸업
- 1강으로 정리하는 한국사 만족도 만점
- 시험에 나올 문제만 콕콕 짚어 주는 강의
- 시험 결과로 증명하는 강의력
- EBS 직업 취업 강의

공부의 神

양광현 선생님

- 서울대학교 졸업
- 초심자부터 심화 과정까지 완벽한 이해를 돕는 쉬운 설명
- EBS 직업 취업 강의(공기업 NCS)
- 칭화대 의사소통 대회 우승
- 공신닷컴 멘토

정오표 및 학습 질의 안내

정오표 확인 방법

고시넷은 오류 없는 책을 만들기 위해 최선을 다합니다. 그러나 편집에서 미처 잡지 못한 실수가 뒤늦게 나오는 경우가 있습니다. 고시넷은 이런 잘못을 바로잡기 위해 정오표를 실시간으로 제공합니다. 감사하는 마음으로 끝까지 책임을 다하겠습니다.

고시넷 홈페이지 접속	〉〉	고시넷 출판-커뮤니티	〉〉	정오표

🌐 www.gosinet.co.kr

모바일폰에서 QR코드로 실시간 정오표를 확인할 수 있습니다.

학습 질의 안내

학습과 교재선택 관련 문의를 받습니다. 적절한 교재선택에 관한 조언이나 고시넷 교재 학습 중 의문 사항은 아래 주소로 메일을 주시면 성실히 답변드리겠습니다.

이메일주소 ✉ passgosi2004@hanmail.net

차례

파트 1 노인장기요양보험법

파트 2 노인장기요양보험법 기출예상모의고사

책속의 책

파트 1 노인장기요양보험법 법령 확인문제 정답과 해설

파트 2 노인장기요양보험법 기출예상모의고사 정답과 해설

구성과 활용

1 채용기업 소개 & 채용 절차

국민건강보험공단의 미션, 비전, 핵심가치, 전략목표,
인재상 등을 수록하였으며 최근 채용 현황 및
채용 절차 등을 쉽고 빠르게 확인할 수 있도록
구성하였습니다.

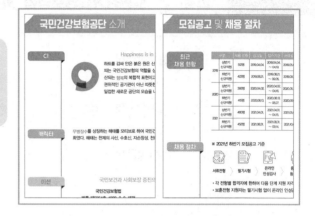

2 노인장기요양보험법 기출 유형분석

최근 기출문제 유형을 분석하여 최신 출제 경향을
한눈에 파악할 수 있도록 하였습니다.

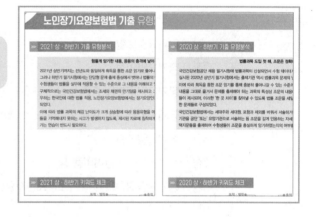

3 노인장기요양보험법 조문으로
직무시험 완벽 대비

노인장기요양보험법 조문을 정리하여 법령의 내용과
용어의 의미 등을 학습할 수 있도록 하였습니다.

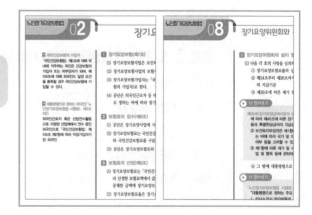

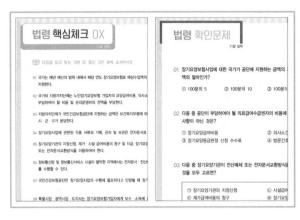

4 핵심체크 OX & 확인문제로 법령 반복학습

각 장별로 핵심체크 OX와 확인문제를 수록하여
반복학습이 가능하도록 구성하였습니다.

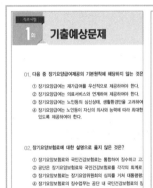

5 기출예상문제로 실전 연습 & 실력 UP!!

총 5회의 기출예상문제로 자신의 실력을 점검하고
완벽한 실전 준비가 가능하도록 구성하였습니다.

6 상세한 해설과 오답풀이가 수록된 정답과 해설

확인문제와 기출예상문제의 상세한 해설을
수록하였고 오답풀이 및 보충 사항들을 수록하여
문제풀이 과정에서의 학습 효과가 극대화될 수
있도록 구성하였습니다.

CI

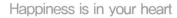

Happiness is in your heart

하트를 감싸 안은 붉은 원은 신뢰와 사랑으로 국민의 건강과 안녕을 보살 피는 국민건강보험의 역할을 상징하며, 건강한 생활과 높은 삶의 질로 확 산되는 행복의 복합적 표현이고, 손가락으로 원을 그린 듯 하나의 획으로 권위적인 공기관이 아닌 따뜻한 커뮤니케이션으로 국민과 소통의 거리가 밀접한 새로운 공단의 모습을 나타낸다.

캐릭터

무병장수를 상징하는 해태를 모티브로 하여 국민건강 지킴이 '건이'와 건강요정 '강이'를 형상 화였다. 해태는 천제의 사신, 수호신, 자손창성, 천화태평, 수명연장 등의 의미를 가지고 있다.

미션

국민보건과 사회보장 증진으로 국민 삶의 질 향상

국민건강보험법	노인장기요양보험법
법률 제5854호, 1999. 2. 8. 제정	법률 제8403호, 2007. 4. 27. 제정
국민의 질병 · 부상에 대한 예방 · 진단 · 치료 · 재활과 출산 · 사망 및 건강증진에 대하여 보험급여 실시	일상생활을 혼자서 수행하기 어려운 노인에게 신체활동 또는 가사활동 지원 등의 요양급여 실시

비전

평생건강 · 국민행복 · 글로벌 건강보장 리더

저부담-저급여 체계에서 향후 적정부담-적정급여의 더 나은 평생건강서비스 체계로 전환하여	>	모든 국민이 더 건강하고 행복한 삶의 누릴 수 있는 나라를 만들고,	>	한국형 건강보장으로 세계표준을 선도하는 글로벌 리더가 되자는 의미

핵심가치

Happiness(희망과 행복)
평생건강서비스를 강화하여 국민에게 한줄기 빛과 같은 희망을 주고, 행복한 삶을 영위할 수 있도록 건강의 가치를 나누어 가자는 의미

Harmony(소통과 화합)
내외부 이해관계자와 신뢰를 바탕으로 소통과 화합을 통해 건강보험제도의 지속가능한 발전과 보건의료체계 전반의 도약을 추구해 나가자는 의미

Challenge(변화와 도전)
기존의 제도와 틀에 안주하지 않고 변화와 혁신을 통해 제도의 미래가치를 창출할 수 있도록 도전해 나가자는 의미

Creativity(창의와 전문성)
창의적인 사고와 최고의 전문역량을 함양하여 글로벌 Top 건강보장제도로 도약할 수 있도록 혁신을 주도하는 전문가를 지향하자는 의미

전략목표

- 건강보험 하나로 의료비를 해결하는 건강보장체계
- 생명·안전 가치 기반의 건강수명 향상 및 의료이용안전을 위한 맞춤형 건강관리
- 노후 삶의 질 향상을 위한 품격 높은 장기요양보험
- 보험자 역량강화로 글로벌 표준이 되는 K-건강보험제도
- 자율과 혁신으로 생동감과 자긍심 넘치는 공단

인재상

"국민의 평생건강을 지키는 건강보장 전문인재 양성"

Nation-oriented 국민을 위하는 인재	Honest 정직으로 신뢰받는 인재	Innovative 혁신을 추구하는 인재	Specialized 전문성 있는 인재
• 국민의 희망과 행복을 위해 봉사, 책임을 다하는 행복 전도사 • 공공기관의 가치를 이해하고 국민과 소통하는 커뮤니케이터	• 공직자 사명감을 바탕으로 매사 정직하게 업무를 처리하는 공단인 • 높은 청렴도와 윤리의식을 겸비하여 국민으로부터 신뢰받는 공직자	• 더 나은 가치를 창출하기 위해 열정을 쏟는 도전가 • 열린 마음과 유연한 사고를 바탕으로 조직 혁신을 위한 선도자	• 우수성, 전문성을 갖추기 위해 평생학습하고 성장하는 주도자 • 새로운 시각을 기반으로 창의적 정책을 제시하는 탐색자

모집공고 및 채용 절차

최근 채용 현황

구분		채용 인원	공고일	접수기간	서류발표	필기시험	필기발표	면접시험	최종발표
2019	상반기 신규직원	512명	2019.04.04.	2019.04.04. ~ 04.19.	2019.05.09.	2019.05.18.	2019.05.28.	2019.06.03. ~ 06.12.	2019.07.04.
	하반기 신규직원	423명	2019.08.21.	2019.08.21. ~ 09.05.	2019.09.26.	2019.10.05.	2019.10.14.	2019.10.16. ~ 10.25.	2019.11.14.
2020	상반기 신규직원	393명	2020.04.02.	2020.04.02. ~ 04.16.	2020.05.08.	2020.05.16.	2020.05.25.	2020.05.27. ~ 06.05.	2020.06.26.
	하반기 신규직원	415명	2020.08.13.	2020.08.13. ~ 08.27.	2020.09.18.	2020.09.26.	2020.10.07.	2020.10.21. ~ 10.30.	2020.11.20.
2021	상반기 신규직원	460명	2021.04.01.	2021.04.01. ~ 04.15.	2021.05.07.	2021.05.15.	2021.05.24.	2021.05.31. ~ 06.11.	2021.07.01.
	하반기 신규직원	452명	2021.08.31.	2021.08.31. ~ 09.14.	2021.10.01.	2021.10.10.	2021.10.15.	2021.10.25. ~ 11.05.	2021.11.18.

채용 절차

※ 2021년 하반기 모집공고 기준

 서류전형 › 필기시험 › 온라인 인성검사 › 증빙서류 등록·심사 › 면접시험 › 최종 합격 (수습 임용)

- 각 전형별 합격자에 한하여 다음 단계 지원 자격을 부여함.
- 보훈전형 지원자는 필기시험 없이 온라인 인성검사 진행

▌필기시험

과목	직렬	시험내용
1과목(60분) NCS기반 직업기초능력	행정직 건강직 요양직 기술직	• 직업기초능력 응용모듈 60문항 (의사소통 20문항, 수리 20문항, 문제해결 20문항)
	전산직	• 직업기초능력 응용모듈 15문항 (의사소통 5문항, 수리 5문항, 문제해결 5문항) • 전산개발 기초능력(C언어, JAVA, SQL) 35문항
2과목(20분) 직무시험 (법률)	행정직 건강직 전산직 기술직	• 국민건강보험법(시행령, 시행규칙 제외) 20문항
	요양직	• 노인장기요양보험법(시행령, 시행규칙 제외) 20문항

- 제1과목(NCS기반 직업기초능력) 이후 제2과목(직무시험) 준비시간 10분이 주어짐.
- 공단 인사규정 시행규칙 제14조(필기시험)에 따라 필기시험의 합격자는 과목당 40% 이상, 전 과목 총점의 60% 이상을 득점한 사람 중 고득점자 순으로 선발함.

■ 온라인 인성검사

- 필기시험 이후 온라인으로 진행되며 기간 내에 응시해야 함.
- 온라인 인성검사를 미실시한 경우 면접전형 응시 불가
- 일반전형 필기시험 합격자, 보훈전형 서류전형 합격자를 대상으로 함.

■ 면접전형

- 전체분야 인성검사 실시자 및 증빙서류 제출 완료자를 대상으로 함.
- 2021 상반기 : 다대다 구술면접인 경험행동면접(BEI) 60%, 토론면접(GD) 40%
- 2021 하반기 : 다대일 구술면접인 경험행동면접(BEI)과 상황면접(SI)을 함께 진행
- 상반기는 BEI 1인당 9분, 1조당 50분으로, 하반기는 BEI와 SI를 합쳐 1인당 15분으로 진행
※ 소요시간 및 조 인원은 면접 운영에 따라 변경될 수 있음.

■ 접수 유의사항

- 인터넷 접수(24시간) 외 방문, 우편, 이메일 등의 접수방법은 인정하지 않음.
- 입사지원서는 1회만 접수할 수 있으며 전형, 직렬, 지역을 달리하거나 동일분야에 중복 지원한 것이 확인될 시 '자격미달' 처리함.
- 최종제출 후 기재내용을 수정 또는 삭제할 수 없으며, 이를 이유로 지원서를 이중 제출한 경우도 중복 지원으로 간주함.
- 입사지원서 기재내용의 착오 또는 누락으로 인한 불이익은 모두 지원자 본인의 책임으로 입사지원서의 성명과 생일이 신분증과 상이할 경우 추후 전형이 응시할 수 없음
- 입사지원서 불성실 기재자는 '자격미달' 처리하고, 허위 기재자는 '부정한 행위를 한 자'로 간주함.

■ 이전지역(강원)인재 채용목표제

- 적용대상 : 이전지역(강원)이 포함된 모집권역 중 모집단위별 선발인원이 6명 이상인 분야
- 운영방법 : 각 전형단계별 이전 지역인재의 합격비율이 일정 비율(27%, 2021년 기준)이 되도록 하고, 채용비율에 미달할 경우 해당 비율 이상이 될 때까지 선발예정인원을 초과하여 추가합격 처리함.
- 단, 채용비율 미달에 따른 추가합격시 추가합격자는 합격선 −5점 이내의 사람 중 고득점자 순으로 선발하고, 채용목표인원 계산 시 소수점이 나올 경우 올림한 인원 수 이상으로 함.

노인장기요양보험법 기출 유형분석

>>> 2021 상·하반기 기출 유형분석

힘들게 암기한 내용, 응용의 충격에 날아가지 않게!

2021년 상반기까지는 전년도와 동일하게 회독을 통한 조문 암기로 풀어나갈 수 있는 단답형 문제들만이 제시되었다. 그러나 하반기 필기시험에서는 단답형 문제 출제 중심에서 벗어나 법률의 내용을 실제로 응용하는 문제들을 출제하여 수험생들이 법률을 실무에 적용할 수 있는 수준으로 그 내용을 이해하고 있는지를 측정하였다.

구체적으로는 국민건강보험법에서는 조세와 채권의 만기일을 제시하고 그 순위를 물어보거나 주한미국대사관에 근무하는 한국인에 대한 법률 적용, 노인장기요양보험법에서는 장기요양인정서가 발급되는 실제 날짜 계산 등이 출제되었다.

이에 따라 법률 과목의 체감 난이도가 크게 상승함에 따라 응용유형을 마주했을 때의 충격으로 힘들게 암기한 조문들을 기억해내지 못하는 사고가 발생하지 않도록, 제시된 자료에 침착하게 본인이 암기하고 이해한 법률을 적용해나가는 연습이 반드시 필요하다.

>>> 2021 상·하반기 키워드 체크

보칙·벌칙
자료제출명령, 벌칙, 과태료

총칙·장기요양보험
국가와 지방자치단체의 책무, 보험료의 관리

관리운영기관
장기요양위원회의 구성,
등급판정위원회

장기요양인정
장기요양인정서 접수일, 실태조사,
갱신신청

장기요양기관
지정결격사유, 장기요양기관의 의무

장기요양급여
시설급여, 가족요양비, 장기요양급여의
제한

2021
상·하반기

5% 5%
10%
16%
32%
32%

》 2020 상·하반기 기출 유형분석

법률과목 도입 첫 해, 조문은 정확하게!

국민건강보험공단 채용 필기시험에 법률과목이 신설되면서 수험 데이터가 전무했던 수험생들의 혼란 속에 처음으로 실시된 2020년 상반기 필기시험에서는 출제기관 역시 법률과목 문제의 난이도 설정에 조심스러웠다.

이에 따라 회독을 통한 조문 암기를 통해 충분히 풀어나갈 수 있는 수준의 단답형 문제들이 출제되었다. 다만 조문의 내용을 그대로 옮겨서 문제를 출제해야 하는 과목의 특성상 조문의 내용에서 단어 하나, 숫자 하나씩을 바꾼 선택지들이 제시되어, 이러한 '한 끗 차이'를 찾아낼 수 있도록 법률 조문을 세밀하게, 그리고 정확하게 암기하는 것이 필요한 문제들로 구성되었다.

국민건강보험법에서는 세대주와 세대원, 포함과 제외를 바꿔서 서술하거나, 노인장기요양보험법에서는 공단과 요양기관을 공단 '또는' 요양기관으로 서술하는 등 조문을 길게 인용하는 자세히 읽지 않으면 놓치기 쉬운 변형을 가한 선택지문들을 출제하여 수험생들이 조문을 충실하게 암기하였는지의 여부를 측정하였다.

》 2020 상·하반기 키워드 체크

노인장기요양보험법 요양직

키워드 >>> 장기요양기본계획
장기요양의 인정
장기요양의 종류
장기요양급여
장기요양기관
장기요양사업의 관리운영기관

분석 >>> 노인장기요양보험법은 국민건강보험공단 내에서 건강보험제도와 분리되어 운영되고 있는 노인장기요양보험제도와 이를 위한 장기요양사업에 관한 법률로, 노인장기요양보험이 누구를 대상으로 어떻게, 무엇을 재원으로 운영되고 있는가에 대한 개괄적인 내용을 조문을 통해 나타내고 있다. 이와 함께 장기요양사업의 관리운영기관으로서의 국민건강보험공단의 주요 업무와 조직 구조 등을 직접 규정하고 있다. 노인장기요양보험법은 미래의 국민건강보험공단의 장기요양사업을 담당하는 직원이 될 수험생들이 돌파해야 할 필기시험 과목일 뿐만 아니라 이후의 면접, 그리고 입사 이후까지도 큰 도움이 될 수 있는 내용들이다.

파트 1 **노인장기요양보험법**

총칙

1 목적(제1조)

「노인장기요양보험법」은 고령이나 노인성 질병 등의 사유로 일상생활을 혼자서 수행하기 어려운 노인등에게 제공하는 신체활동 또는 가사활동 지원 등의 장기요양급여에 관한 사항을 규정하여 노후의 건강증진 및 생활안정을 도모하고 그 가족의 부담을 덜어줌으로써 국민의 삶의 질을 향상하도록 함을 목적으로 한다.

2 용어의 정의(제2조)

(1) 노인등 : 65세 이상의 노인 또는 65세 미만의 자로서 치매 · 뇌혈관성질환 등 대통령령으로 정하는 노인성 질병을 가진 자

(2) 장기요양급여 : 6개월 이상 동안 혼자서 일상생활을 수행하기 어렵다고 인정되는 자에게 신체활동 · 가사활동의 지원 또는 간병 등의 서비스나 이에 갈음하여 지급하는 현금 등

(3) 장기요양사업 : 장기요양보험료, 국가 및 지방자치단체의 부담금 등을 재원으로 하여 노인등에게 장기요양급여를 제공하는 사업

(4) 장기요양기관 : 지정을 받은 기관으로서 장기요양급여를 제공하는 기관을 말한다.

(5) 장기요양요원 : 장기요양기관에 소속되어 노인등의 신체활동 또는 가사활동 지원 등의 업무를 수행하는 자

3 장기요양급여 제공의 기본원칙(제3조)

(1) 장기요양급여는 노인등이 자신의 의사와 능력에 따라 최대한 자립적으로 일상생활을 수행할 수 있도록 제공하여야 한다.

(2) 장기요양급여는 노인등의 심신상태 · 생활환경과 노인등 및 그 가족의 욕구 · 선택을 종합적으로 고려하여 필요한 범위 안에서 이를 적정하게 제공하여야 한다.

(3) 장기요양급여는 노인등이 가족과 함께 생활하면서 가정에서 장기요양을 받는 재가급여를 우선적으로 제공하여야 한다.

(4) 장기요양급여는 노인등의 심신상태나 건강 등이 악화되지 아니하도록 의료서비스와 연계하여 이를 제공하여야 한다.

4 국가 및 지방자치단체의 책무(제4조)

(1) 국가 및 지방자치단체는 노인이 일상생활을 혼자서 수행할 수 있는 온전한 심신상태를 유지하는데 필요한 사업(노인성질환예방사업)을 실시하여야 한다.

(2) 국가는 노인성질환예방사업을 수행하는 지방자치단체 또는 국민건강보험공단에 대하여 이에 소요되는 비용을 지원할 수 있다.

(3) 국가 및 지방자치단체는 노인인구 및 지역특성 등을 고려하여 장기요양급여가 원활하게 제공될 수 있도록 적정한 수의 장기요양기관을 확충하고 장기요양기관의 설립을 지원하여야 한다.

(4) 국가 및 지방자치단체는 장기요양급여가 원활히 제공될 수 있도록 공단에 필요한 행정적 또는 재정적 지원을 할 수 있다.

(5) 국가 및 지방자치단체는 장기요양요원의 처우를 개선하고 복지를 증진하며 지위를 향상시키기 위하여 적극적으로 노력하여야 한다.

(6) 국가 및 지방자치단체는 지역의 특성에 맞는 장기요양사업의 표준을 개발·보급할 수 있다.

5 장기요양급여에 관한 국가정책방향(제5조)

국가는 장기요양기본계획을 수립·시행함에 있어서 노인뿐만 아니라 장애인 등 일상생활을 혼자서 수행하기 어려운 모든 국민이 장기요양급여, 신체활동지원서비스 등을 제공받을 수 있도록 노력하고 나아가 이들의 생활안정과 자립을 지원할 수 있는 시책을 강구하여야 한다.

6 장기요양기본계획(제6조)

(1) 보건복지부장관은 노인등에 대한 장기요양급여를 원활하게 제공하기 위하여 5년 단위로 다음의 사항이 포함된 장기요양기본계획을 수립·시행하여야 한다.

(2) 장기요양기본계획의 포함사항
① 연도별 장기요양급여 대상인원 및 재원조달 계획
② 연도별 장기요양기관 및 장기요양전문인력 관리 방안
③ 장기요양요원의 처우에 관한 사항
④ 그 밖에 노인등의 장기요양에 관한 사항으로서 대통령령으로 정하는 사항

(3) 지방자치단체의 장은 장기요양기본계획에 따라 세부시행계획을 수립·시행하여야 한다.

★ 장기요양기본계획에 포함될 사항(「노인장기요양보험법 시행령」 제3조)
1. 장기요양급여의 수준 향상 방안
2. 노인성질환예방사업 추진계획
3. 그 밖에 노인등의 장기요양급여의 실시에 필요한 사항

7 실태조사(제6조의2)

(1) 보건복지부장관은 장기요양사업의 실태를 파악하기 위하여 3년마다 실태조사를 정기적으로 실시하고 그 결과를 공표하여야 한다.

(2) 조사사항
① 장기요양인정에 관한 사항
② 장기요양등급판정위원회의 판정에 따라 장기요양급여를 받을 사람(수급자)의 규모, 그 급여의 수준 및 만족도에 관한 사항
③ 장기요양기관에 관한 사항
④ 장기요양요원의 근로조건, 처우 및 규모에 관한 사항
⑤ 그 밖에 장기요양사업에 관한 사항으로서 보건복지령으로 정하는 사항

(3) 실태조사의 방법과 내용 등에 필요한 사항은 보건복지부령으로 정한다.

법령 핵심체크 OX

📑 다음을 읽고 맞는 것은 O, 틀린 것은 X에 표시하시오.

01 「노인장기요양보험법」은 고령이나 노인성 질병 등의 사유로 일상생활을 혼자서 수행하기 어려운 노인등에게 제공하는 장기요양 급여에 대한 사항을 규정한다. (O / X)

02 「노인장기요양보험법」은 노후의 건강증진 및 생활안정을 도모하고 그 가족의 부담을 덜어줌으로써 국민의 삶과 질을 향상하 도록 함을 그 목적으로 한다. (O / X)

03 「노인장기요양보험법」에서 정의하는 "노인등"에는 만 65세 이상의 모든 노인이 포함된다. (O / X)

04 「노인장기요양보험법」에서 정의하는 "노인등"에는 치매·뇌혈관성 질환을 가진 65세 미만의 자를 포함하지 않는다. (O / X)

05 「노인장기요양보험법」에서 정의하는 "장기요양급여"는 1년 이상 혼자서 일상생활을 수행하기 어렵다고 인정되는 자에게 지원 되는 서비스 혹은 현금을 의미한다. (O / X)

06 「노인장기요양보험법」에서 정의하는 "장기요양사업"은 장기요양보험료와 국가 및 지방자치단체의 부담금 등을 재원으로 하여 노인등에게 장기요양급여를 제공하는 사업을 말한다. (O / X)

07 「노인장기요양보험법」에서 정의하는 "장기요양요원"은 장기요양기관에 소속되어 노인등의 신체활동 또는 가사활동 지원 등의 업무를 수행하는 자를 말한다. (O / X)

08 장기요양급여는 노인등이 자신의 의사와 능력에 따라 최대한 자립적으로 생업에 종사할 수 있도록 제공하여야 한다. (O / X)

09 장기요양급여는 노인등이 가족과 함께 생활하면서 가정에서 장기요양을 받는 가족요양비를 우선적으로 제공하여야 한다. (O / X)

10 장기요양급여는 노인등의 심신상태나 건강 등이 악화되지 않도록 의료서비스와 연계하여 이를 제공하여야 한다. (O / X)

11 국가는 노인성질환예방사업을 수행하는 지방자치단체와 국민건강보험공단에 대해 그에 관한 비용을 지원할 수 있다. (O / X)

12 국가 및 지방자치단체는 장기요양급여가 원활하게 제공될 수 있도록 가능한 많은 장기요양기관을 확충하고 장기요양기관의 설립을 지원하여야 한다. (O / X)

13 국가 및 지방자치단체는 공단에 필요한 행정적 지원을 하여서는 안 된다. (O / X)

14 국가 및 지방자치단체는 지역의 특성에 맞는 장기요양사업의 표준을 개발·보급할 수 있다. (○ / ×)

15 보건복지부장관은 장기요양급여를 원활하게 제공하기 위한 장기요양기본계획을 5년 단위로 수립·시행하여야 한다. (○ / ×)

16 장기요양기본계획에는 연도별 장기요양급여 대상인원 및 재원조달 계획이 포함된다. (○ / ×)

17 보건복지부장관은 장기요양사업의 실태를 파악하기 위한 실태조사를 5년마다 실시하고 그 결과를 공표해야 한다. (○ / ×)

18 장기요양사업의 실태조사에는 장기요양등급판정위원회의 판정에 따라 장기요양을 받을 사람의 규모, 급여의 수준 및 만족도에 관한 사항이 포함된다. (○ / ×)

19 장기요양사업의 실태조사에는 장기요양요원의 근로조건과 처우, 그 규모에 관한 사항이 포함된다. (○ / ×)

정답과 해설 | ✔

01 O	02 O	03 O	04 X
05 X	06 O	07 O	08 X
09 X	10 O	11 O	12 X
13 X	14 O	15 O	16 O
17 X	18 O	19 O	

법령 확인문제

▶ 정답과 해설 2p

1장 총칙

01 다음 빈칸 ㉠ ~ ㉢에 들어갈 내용으로 바르게 연결된 것은?

> 「노인장기요양보험법」은 고령이나 노인성 질병 등의 사유로 (㉠)을 혼자서 수행하기 어려운 노인등에게 제공하는 신체활동 또는 가사활동 지원 등의 (㉡)에 관한 사항을 규정하여 노후의 건강증진 및 (㉢)을 도모하고 그 가족의 부담을 덜어줌으로써 국민의 삶의 질을 향상하도록 함을 목적으로 한다.

	㉠	㉡	㉢		㉠	㉡	㉢
①	생산활동	의료서비스	자기개발	②	일상생활	의료서비스	생활안정
③	생산활동	장기요양급여	자기개발	④	일상생활	장기요양급여	생활안정

02 다음은 장기요양급여의 용어 정의이다. 빈칸 ㉠, ㉡에 들어갈 내용으로 옳은 것은?

> 장기요양급여란 ( ) 이상 동안 혼자서 일상생활을 수행하기 어렵다고 인정되는 자에게 신체활동·가사활동의 지원 또는 간병 등의 서비스나 이에 갈음하여 지급하는 ( ) 등을 말한다.

	㉠	㉡		㉠	㉡
①	6개월	보조장구	②	6개월	현금
③	1년	보조장구	④	1년	현금

03 장기요양기관에 소속되어 노인등의 신체활동 및 가사활동 지원 등의 업무를 수행하는 자를 지칭하는 용어는?

① 사회복지사 ② 장기요양기관

③ 장기요양요원 ④ 요양보호사

04 장기요양급여 제공의 기본원칙상 제공의 최우선대상이 되는 장기요양급여는?

① 시설급여　　　　② 재가급여　　　　③ 특별현금급여　　　④ 단기보호

05 보건복지부장관이 수립·시행하여야 하는 장기요양기본계획의 수립주기는?

① 1년　　　　② 2년　　　　③ 3년　　　　④ 5년

06 다음 중 장기요양기본계획에 포함하고 있는 사항을 모두 고르면?

> ㉠ 연도별 장기요양급여 대상인원 및 재원조달 계획
> ㉡ 연도별 장기요양기관 및 장기요양전문인력의 관리 방안
> ㉢ 장기요양요원의 처우에 관한 사항

① ㉠　　　　② ㉡　　　　③ ㉠, ㉢　　　　④ ㉠, ㉡, ㉢

07 보건복지부장관이 장기요양사업의 실태를 파악하기 위해 정기적으로 실시하는 실태조사의 시행주기는?

① 3년　　　　② 2년　　　　③ 1년　　　　④ 6개월

08 다음 중 장기요양사업의 실태조사에 포함하고 있는 사항에 해당하지 않는 사항은?

① 장기요양보험사업자의 자금지원에 대한 사항
② 장기요양요원의 근로조건, 처우 및 규모에 관한 사항
③ 장기요양인정에 관한 사항
④ 장기요양기관에 관한 사항

장기요양보험

★ **국민건강보험의 가입자**
「국민건강보험법」 제5조에 의해 국내에 거주하는 국민은 건강보험의 가입자 또는 피부양자가 되며, 제109조에 의해 외국인도 일정 요건을 충족할 경우 국민건강보험에 가입할 수 있다.

★ **대통령령으로 정하는 외국인(「노인장기요양보험법 시행령」 제3조의2)**
외국인근로자 혹은 산업연수활동으로 지정된 산업체에서 연수 중인 외국인으로 「국민건강보험법」 제109조 제2항에 따라 직장가입자가 된 외국인

1 장기요양보험(제7조)

(1) 장기요양보험사업은 보건복지부장관이 관장한다.

(2) 장기요양보험사업의 보험자는 공단으로 한다.

(3) 장기요양보험가입자는 「국민건강보험법」 제5조 및 제109조에 따른 가입자(국민건강보험의 가입자)로 한다.

(4) 공단은 외국인근로자 등 대통령령으로 정하는 외국인이 신청하는 경우 보건복지부령으로 정하는 바에 따라 장기요양보험가입자에서 제외할 수 있다.

2 보험료의 징수(제8조)

(1) 공단은 장기요양사업에 사용되는 비용을 충당하기 위해 장기요양보험료를 징수한다.

(2) 장기요양보험료는 국민건강보험료와 통합하여 징수한다. 이 경우 공단은 장기요양보험료와 국민건강보험료를 구분하여 고지하여야 한다.

(3) 공단은 장기요양보험료와 국민건강보험료를 각각의 독립회계로 관리하여야 한다.

3 보험료의 산정(제9조)

(1) 장기요양보험료는 「국민건강보험법」 제69조 제4항·제5항 및 제109조 제9항 단서에 따라 산정한 보험료액에서 같은 법 제74조 또는 제75조에 따라 경감 또는 면제되는 비용을 공제한 금액에 장기요양보험료율을 곱하여 산정한 금액으로 한다.

(2) 장기요양보험료율은 장기요양위원회의 심의를 거쳐 대통령령으로 정한다.

⊕ 더 알아보기

장기요양보험료＝(국민건강보험료액－경감 또는 면제되는 국민건강보험료)×장기요양보험료율

4 보험료의 감면(제10조)

★ **장애인 또는 이와 유사한 자(「노인장기요양보험법 시행령」 제5조)**
「장애인복지법」에 따라 등록한 장애인 중 장애의 정도가 심한 장애인, 보건복지부장관이 정하여 고시하는 희귀난치성질환자

국민건강보험공단은 장애인 또는 이와 유사한 자로서 대통령령으로 정하는 자가 장기요양보험가입자 또는 그 피부양자인 경우, 만일 수급자로 결정되지 못한 때 대통령령으로 정하는 바에 따라 장기요양보험료의 전부 또는 일부를 감면할 수 있다.

5 가입 자격 등에 관한 준용(제11조)

「국민건강보험법」 제5조, 제6조, 제8조부터 제11조까지, 제69조 제1항부터 제3항까지, 제76조부터 제86조까지, 제109조 제1항부터 제9항까지 및 제110조는 장기요양보험가입자·피부양자의 자격취득·상실, 장기요양보험료 등의 납부·징수 및 결손처분 등에 관하여 이를 준용한다. 이 경우 "보험료"는 "장기요양보험료"로, "건강보험"은 "장기요양보험"으로, "가입자"는 "장기요양보험가입자"로 본다.

법령 핵심체크 OX

2장 장기요양보험

다음을 읽고 맞는 것은 O, 틀린 것은 X에 표시하시오.

01 장기요양사업은 보건복지부장관이 관장한다. (O / X)

02 장기요양보험사업의 보험자는 보건복지부장관으로 한다. (O / X)

03 장기요양보험의 가입자는 「국민건강보험법」의 가입자로 한다. (O / X)

04 대통령령으로 정하는 외국인근로자는 신청을 통해 장기요양보험가입자에서 제외할 수 있다. (O / X)

05 국민건강보험공단은 장기요양사업에 사용되는 비용을 충당하기 위해 장기요양보험료를 징수한다. (O / X)

06 장기요양보험료는 국민건강보험료와 구분하여 징수한다. (O / X)

07 장기요양보험료와 국민건강보험료는 구분하여 고지한다. (O / X)

08 장기요양보험료와 국민건강보험료는 각각의 독립회계로 관리하여야 한다. (O / X)

09 장기요양보험료는 국민건강보험료의 산정액에서 장기요양보험료율을 곱한 금액에 「국민건강보험법」에 따라 경감 또는 면제되는 비용을 공제하여 산정한다. (O / X)

10 장기요양보험료율은 장기요양위원회의 심의를 거쳐 보건복지부령으로 정한다. (O / X)

11 장애인 또는 이와 유사한 자로서 대통령령으로 정하는 자가 장기요양가입자 또는 그 피부양자인 경우 장기요양수급자로 결정되지 못한 때에는 그 장기요양보험료의 전부 또는 일부를 감면할 수 있다. (O / X)

12 장기요양보험가입자 · 피부양자의 자격취득 · 상실에 관하여는 「국민건강보험법」의 관련 규정을 준용한다. (O / X)

13 장기요양보험료의 납부, 징수 및 결손처분에 관하여는 「국민건강보험법」의 관련 규정을 준용한다. (O / X)

정답과 해설 ✔

01 O	02 X	03 O	04 O
05 O	06 X	07 O	08 O
09 X	10 X	11 O	12 O
13 O			

법령 확인문제

2장 장기요양보험

▶ 정답과 해설 3p

01 다음은 장기요양보험에 관한 내용이다. 빈칸 ㉠ ~ ㉢에 들어갈 내용으로 옳은 것은?

---

1. 장기요양보험사업은 (㉠   )이 관장한다.
2. 장기요양보험사업의 보험자는 (㉡   )이다.
3. 장기요양보험의 가입자는 (㉢   ) 제5조 및 제109조에 따른 가입자로 한다.

	㉠	㉡	㉢
①	대통령	국민건강보험공단	국민연금법
②	대통령	보건복지부장관	국민건강보험법
③	보건복지부장관	국민건강보험공단	국민건강보험법
④	보건복지부장관	보건복지부장관	국민연금법

02 장기요양보험료의 징수에 대한 설명으로 옳지 않은 것은?

① 국민건강보험공단은 장기요양사업에 사용되는 비용을 충당하기 위해 장기요양보험료를 징수한다.
② 장기요양보험료는 국민건강보험료와 통합하여 징수한다.
③ 장기요양보험료는 국민건강보험료와 통합하여 고지하여야 한다.
④ 장기요양보험료는 국민건강보험료와 각각의 독립회계로 관리해야 한다.

03 다음 중 장기요양보험료율의 심의기관은?

① 장기요양위원회
② 건강보험심사평가원
③ 건강보험정책심의위원회
④ 국민건강보험공단

04 다음 중 「노인장기요양보험법」에 의해 장기요양보험료를 감면받을 수 있는 자는?

① 국가유공자
② 수급자로 결정되지 못한 장애인
③ 만 65세 이상의 노인
④ 휴직자

장기요양인정

1 신청자격(제12조)

(1) 장기요양보험가입자 또는 그 피부양자인 노인등

(2) 의료급여수급권자인 노인등

2 신청(제13조)

(1) 장기요양인정을 신청하려는 자는 국민건강보험공단에 장기요양인정신청서에 의사 또는 한의사가 발급하는 의사소견서를 첨부하여 제출하여야 한다.

(2) 의사소견서는 공단이 등급판정위원회에 자료를 제출하기 전까지 제출할 수 있다.

(3) 거동이 현저하게 불편하거나 도서 · 벽지 지역에 거주하여 의료기관을 방문하기 어려운 자 등 대통령령으로 정하는 자는 의사소견서를 제출하지 아니할 수 있다.

(4) 의사소견서의 발급비용 · 비용부담방법 · 발급자의 범위, 그 밖에 필요한 사항은 보건복지부령으로 정한다.

3 신청의 조사(제14조)

(1) 공단은 신청서를 접수한 때 보건복지부령으로 정하는 바에 따라 다음의 사항을 조사하여야 한다.
① 신청인의 심신상태
② 신청인에게 필요한 장기요양급여의 종류 및 내용
③ 그 밖에 장기요양에 관하여 필요한 사항으로서 보건복지부령으로 정하는 사항

(2) 공단은 장기요양인정 신청을 조사하는 경우 2명 이상의 소속 직원이 조사할 수 있도록 노력하여야 한다.

(3) 조사를 하는 자는 조사일시, 장소 및 조사를 담당하는 자의 인적사항 등을 미리 신청인에게 통보하여야 한다.

(4) 조사결과서
① 공단 또는 조사를 의뢰받은 특별자치시 · 특별자치도 · 시 · 군 · 구는 조사를 완료한 때 조사결과서를 작성하여야 한다.
② 조사를 의뢰받은 특별자치시 · 특별자치도 · 시 · 군 · 구는 지체 없이 공단에 조사결과서를 송부하여야 한다.

4 등급판정(제15조)

(1) 판정 절차
① 공단은 장기요양신청의 조사가 완료된 때 조사결과서, 신청서, 의사소견서, 그 밖에 심의에 필요한 자료를 등급판정위원회에 제출하여야 한다.
② 등급판정위원회는 신청인이 신청자격요건을 충족하고 6개월 이상 동안 혼자서 일상생활을 수행하기 어렵다고 인정하는 경우 심신상태 및 장기요양이 필요한 정도 등 대통령령으로 정하는 등급판정기준에 따라 수급자로 판정한다.

★ 훈시적 · 권고적 규정
주로 "~ 하도록 노력하여야 한다." 고 규정하는 행정법에서의 '권고'는 대상에 대해 이를 따를 것을 권하는 행정지도의 일종으로, 그 자체로 의무를 발생시키지 않고 법적 구속력이 존재하지 않는다. 즉 훈시적 · 권고적 규정은 이를 위반하더라도 처벌대상이 되지 않는다.

③ 등급판정위원회는 심의·판정을 하는 때 신청인과 그 가족, 의사소견서를 발급한 의사 등 관계인의 의견을 들을 수 있다.

(2) 장기요양등급의 재판정

① 공단은 장기요양급여를 받고 있거나 받을 수 있는 자가 다음의 어느 하나에 해당하는 것으로 의심되는 경우 장기요양인정사항을 조사하여 그 결과를 등급판정위원회에 제출하여야 한다.

㉠ 거짓이나 그 밖의 부정한 방법으로 장기요양인정을 받은 경우

㉡ 고의로 사고를 발생하도록 하거나 본인의 위법행위에 기인하여 장기요양인정을 받은 경우

② 등급판정위원회는 제출된 조사 결과를 토대로 다시 수급자 등급을 조정하고 수급자 여부를 판정할 수 있다.

5 등급판정기간(제16조)

(1) 등급판정위원회는 신청인이 신청서를 제출한 날부터 30일 이내에 장기요양등급판정을 완료하여야 한다.

(2) 판정기간의 연장

① 신청인에 대한 정밀조사가 필요한 경우 등 기간 이내에 등급판정을 완료할 수 없는 부득이한 사유가 있는 경우 30일 이내의 범위에서 판정기간을 연장할 수 있다.

② 공단은 등급판정위원회가 장기요양인정심의 및 등급판정기간을 연장하고자 하는 경우 신청인 및 대리인에게 그 내용·사유 및 기간을 통보하여야 한다.

6 장기요양인정서(제17조)

(1) 공단은 등급판정위원회가 장기요양인정 및 등급판정의 심의를 완료한 경우 지체 없이 장기요양인정서를 작성하여 수급자에게 송부하여야 한다.

(2) 장기요양인정서의 포함 내용 : 장기요양등급, 장기요양급여의 종류 및 내용, 그 밖에 장기요양급여에 관한 사항으로 보건복지부령으로 정하는 사항

(3) 수급자 미판정에 대한 통보

① 공단은 등급판정위원회가 장기요양인정 및 등급판정의 심의를 완료한 경우 수급자로 판정받지 못한 신청인에게 그 내용 및 사유를 통보하여야 한다.

② 특별자치시장·특별자치도지사·시장·군수·구청장은 공단에 대하여 수급자로 판정받지 못한 사실을 통보하도록 요청할 수 있고, 요청을 받은 공단은 이에 응하여야 한다.

(4) 공단은 장기요양인정서를 송부하는 때 장기요양급여를 원활히 이용할 수 있도록 월 한도액 범위 안에서 개인별장기요양이용계획서를 작성하여 이를 함께 송부하여야 한다.

(5) 장기요양인정서 및 개인별장기요양이용계획서의 작성방법에 관하여 필요한 사항은 보건복지부령으로 정한다.

★ 2021. 6. 30. 시행 개정법
개인별 맞춤형 서비스 제공계획서인 '표준장기요양이용계획서'가 명칭으로 인하여 일반적으로 표준화된 계획서로 오해될 소지가 있는 바, 수급자의 심신 기능상태 및 장기요양욕구, 급여종류 등을 작성하는 양식의 명칭을 '개인별장기요양이용계획서'로 변경하였다.

★ 구청장
본 법률에서 구청장은 특별시·광역시 소속 자치구의 구청장을 의미한다.

7 장기요양인정서의 고려사항(제18조)

(1) 수급자의 장기요양등급 및 생활환경

(2) 수급자와 그 가족의 욕구 및 선택

(3) 시설급여를 제공하는 경우 장기요양기관이 운영하는 시설 현황

8 유효기간(제19조)

(1) 장기요양인정의 유효기간은 최소 1년 이상으로서 대통령령으로 정한다.

(2) 유효기간의 산정법과 그 밖에 필요한 사항은 보건복지부령으로 정한다.

9 장기요양인정의 갱신(제20조)

(1) 장기요양인정의 유효기간이 만료된 후 장기요양급여를 계속하여 받고자 하는 경우 공단에 장기요양인정의 갱신을 신청하여야 한다.

(2) 장기요양인정의 갱신 신청은 유효기간이 만료되기 전 30일까지 이를 완료하여야 한다.

(3) 제12조부터 제19조까지의 규정은 장기요양인정의 갱신절차에 관하여 준용한다.

10 등급의 변경(제21조)

(1) 장기요양급여를 받고 있는 수급자는 장기요양등급, 장기요양급여의 종류 또는 내용을 변경하여 장기요양급여를 받고자 하는 경우 공단에 변경신청을 하여야 한다.

(2) 제12조부터 제19조까지의 규정은 장기요양등급의 변경절차에 관하여 준용한다.

11 신청 등에 대한 대리(제22조)

(1) 장기요양급여를 받고자 하는 자 또는 수급자가 신체적·정신적인 사유로 이 법에 따른 장기요양인정의 신청, 장기요양인정의 갱신신청 또는 장기요양등급의 변경신청 등을 직접 수행할 수 없을 때 본인의 가족이나 친족, 그 밖의 이해관계인은 이를 대리할 수 있다.

(2) 본인 또는 가족의 동의를 받아 장기요양인정의 신청을 대리할 수 있는 사람
   ① 사회복지전담공무원
   ② 치매안심센터의 장(수급권자가 치매환자인 경우로 한정한다)

(3) 장기요양급여를 받고자 하는 자 또는 수급자가 장기요양인정신청 등을 할 수 없는 경우 특별자치시장·특별자치도지사·시장·군수·구청장이 지정하는 자는 이를 대리할 수 있다.

★ 사회복지전담공무원(「사회보장급여법」 제43조)
사회복지사업에 관한 업무를 담당하게 하기 위해 시·도, 시·군·구, 읍·면·동 또는 사회보장사무전담기구에 두는 공무원으로, 취약계층에 대한 상담과 지도, 생활실태의 조사 등 사회복지에 관한 전문적 업무를 담당한다.

★ 치매안심센터(「치매관리법」 제17조)
시·군·구의 관할 보건소에 치매예방과 치매환자 및 그 가족에 대한 종합적인 지원을 위해 설치한 기관

법령 핵심체크 OX

3장 장기요양인정

📖 다음을 읽고 맞는 것은 O, 틀린 것은 X에 표시하시오.

01 장기요양보험가입자 또는 그 피부양자인 노인등은 장기요양인정을 신청할 수 있다. (O / ×)

02 의료급여수급권자는 장기요양보험가입자에 한해 장기요양인정을 신청할 수 있다. (O / ×)

03 장기요양인정을 신청하는 자는 장기요양인정신청서에 의사 또는 간호사가 발급하는 의사소견서를 첨부하여 제출하여야 한다. (O / ×)

04 거동이 현저하게 불편하거나 도서 · 벽지 지역에 거주하여 의료기관을 방문하기 어려운 자는 장기요양인정신청서에 의사소견서를 첨부하지 않을 수 있다. (O / ×)

05 장기요양인정신청서를 접수한 국민건강보험공단은 소속 직원으로 하여금 신청인의 심신상태와 신청인에게 필요한 장기요양급여의 종류 및 내용 등을 조사하게 하여야 한다. (O / ×)

06 장기요양인정 신청의 조사를 하는 국민건강보험공단은 지리적 사정을 이유로 특별자치시 · 특별자치도 · 시 · 군 · 구에 조사를 의뢰할 수 있으나, 공동으로 조사할 수는 없다. (O / ×)

07 국민건강보험공단은 장기요양인정 신청의 조사에 있어 2명 이상의 소속 직원이 조사할 수 있도록 노력하여야 한다. (O / ×)

08 장기요양인정 신청의 조사를 하는 자는 조사일시, 장소 및 조사 담당자의 인적사항 등을 미리 신청인에게 통보하여야 한다. (O / ×)

09 장기요양인정 신청의 조사를 의뢰받은 특별자치시 · 특별자치도 · 시 · 군 · 구는 조사결과서를 작성하여 지체 없이 이를 국민건강보험공단에 송부하여야 한다. (O / ×)

10 국민건강보험공단은 장기요양인정의 신청의 조사가 완료된 때 조사결과서, 신청서, 의사소견서, 그 밖에 심의에 필요한 자료를 등급판정위원회에 제출하여야 한다. (O / ×)

11 등급판정위원회는 신청인이 신청자격요건을 충족하고 1년 이상 동안 혼자서 일상생활을 수행하기 어렵다고 인정하는 경우 수급자로 판정한다. (O / ×)

12 의사소견서를 발급한 의사는 등급판정위원회의 심의·판정에서 의견을 제출할 수 없다. (○ / ×)

13 장기요양인정의 신청인은 등급판정위원회의 심의·판정에 의견을 제출할 수 있으나, 신청인의 가족은 그렇지 않다.
  (○ / ×)

14 국민건강보험공단은 장기요양급여를 받을 수 있는 자가 거짓이나 그 밖의 부정한 방법으로 장기요양인정을 받은 것으로 의심되는 경우 이를 직접 조사하여 그 결과를 등급판정위원회에 제출할 수 있다. (○ / ×)

15 등급판정위원회는 고의로 사고를 발생시켜 장기요양인정을 받은 것으로 의심되어 진행된 국민건강보험공단의 조사 결과를 제출받아 다시 수급자 등급을 조정하고 수급자 여부를 판정할 수 있다. (○ / ×)

16 등급판정위원회의 등급판정완료기한은 30일로, 부득이한 사정이 있을지라도 이를 연장할 수는 없다. (○ / ×)

17 국민건강보험공단이 작성한 장기요양인정서에는 수급자의 장기요양등급과 장기요양급여의 종류 및 내용이 포함되어야 한다.
  (○ / ×)

18 국민건강보험공단은 수급자로 판정받지 못한 신청인에게 그 내용 및 사유를 통보해야 하며, 특별자치시장·특별자치도지사·시장·군수·구청장은 공단에 이를 통보할 것을 요청할 수 있다. (○ / ×)

19 국민건강보험공단은 장기요양인정서를 송부할 때 연간 한도액 범위 안에서 개인별장기이용계획서를 작성하여 이를 함께 송부하여야 한다. (○ / ×)

20 국민건강보험공단이 작성하는 장기요양인정서에는 수급자와 그 가족의 욕구 및 선택이 반영되어서는 아니 된다. (○ / ×)

21 국민건강보험공단은 장기요양인정서를 작성할 때 장기요양기관이 운영하는 시설 현황 등의 사항을 고려해야 한다.
  (○ / ×)

22 장기요양인정의 유효기간은 최대 1년이며, 유효기간이 만료된 후 장기요양급여를 계속 받고자 하는 경우 국민건강보험공단에 그 갱신을 신청해야 한다. (○ / ×)

23 장기요양급여를 받고 있는 수급자가 장기요양등급을 변경하고자 할 경우 국민건강보험공단에 변경신청을 하여야 한다.
  (○ / ×)

24 장기요양급여를 받고 있는 수급자는 장기요양급여의 내용 변경만을 이유로 국민건강보험공단에 변경신청을 할 필요는 없다.
  (○ / ×)

25 장기요양급여를 받고 있는 수급자의 가족은 수급자의 신체적·정신적인 사유로 장기요양인정의 신청을 대리할 수 있다.

(○/ ×)

26 사회복지전담공무원은 관할 지역 내의 장기요양급여를 받고자 하는 사람의 가족의 동의를 받아 장기요양급여의 신청을 대리할 수 있다.

(○/ ×)

27 치매안심센터의 장은 장기요양인정을 받고자 하는 치매 환자 혹은 그 가족의 동의 없이도 장기요양인정의 신청을 대리할 수 있다.

(○/ ×)

28 특별자치시장·특별자치도지사·시장·군수·구청장이 지명한 자는 장기요양인정을 받고자 하는 자 혹은 그 가족의 동의 없이 장기요양인정의 신청을 대리할 수 있다.

(○/ ×)

정답과 해설 | ✔

01 O	02 X	03 X	04 O
05 O	06 X	07 O	08 O
09 O	10 O	11 X	12 X
13 X	14 O	15 O	16 X
17 O	18 O	19 X	20 X
21 O	22 X	23 O	24 X
25 O	26 O	27 X	28 O

법령 확인문제

▶ 정답과 해설 3p

3장 장기요양인정

01 다음 중 장기요양인정의 신청가능 대상에 해당하지 않는 사람은? (단, 제시되지 않은 요건은 모두 충족한 것으로 본다)

① 장기요양보험가입자
② 국외에 거주하고 있는 재외국민
③ 의료급여수급권자
④ 장기요양보험가입자의 피부양자

02 다음은 장기요양인정의 신청을 위한 의사소견서에 관한 내용이다. 빈칸 ㉠, ㉡에 들어갈 내용으로 옳은 것은?

> 장기요양인정을 신청하는 자는 장기요양인정신청서에 의사 또는 (㉠)가 발급하는 의사소견서를 첨부하여 제출하여야 한다. 다만 의사소견서는 국민건강보험공단이 (㉡)에 자료를 제출하기 전까지 제출할 수 있다.

	㉠	㉡		㉠	㉡
①	한의사	등급판정위원회	②	간호사	등급판정위원회
③	한의사	보건복지부	④	간호사	보건복지부

03 다음 중 장기요양등급판정을 위해 공단이 등급판정위원회에 제출해야 할 서류에 해당하지 않는 것은?

① 조사결과서
② 의사소견서
③ 개인별장기요양이용계획서
④ 장기요양인정신청서

04 다음은 장기요양인정 신청의 조사절차에 관한 규정이다. 빈칸 ㉠, ㉡에 들어갈 내용으로 옳은 것은?

> 지리적 사정 등으로 장기요양인정 신청에 관해 공단이 직접 조사하기 어려운 경우 또는 조사에 필요하다고 인정하는 경우 특별자치시 · 특별자치도 · 시 · 군 · 구(자치구)에 대하여 조사를 의뢰하거나 공동으로 조사할 것을 요청할 수 있다. 이때 공단은 (㉠   ) 이상의 소속 직원이 조사할 수 있도록 노력하여야 한다.
>
> 공단 또는 조사를 의뢰받은 특별자치시 · 특별자치도 · 시 · 군 · 구는 조사를 완료한 때 (㉡   )를 작성하여야 한다. 조사를 의뢰받은 특별자치시 · 특별자치도 · 시 · 군 · 구는 지체 없이 공단에 (㉡   )를 송부하여야 한다.

	㉠	㉡			㉠	㉡
①	2명	조사결과서		②	2명	장기요양인정서
③	3명	조사결과서		④	3명	장기요양인정서

05 다음 중 위원회의 등급판정을 위한 의견청취 대상에 해당하는 경우를 모두 고르면?

> ㉠ 신청인 본인
> ㉡ 신청인의 가족
> ㉢ 의사소견서를 발급한 의사

① ㉡   ② ㉢

③ ㉠, ㉢   ④ ㉠, ㉡, ㉢

06 기간 연장이 없을 때 등급판정위원회가 신청서를 제출받은 날로부터 장기요양등급판정을 완료해야 하는 법정 기한은?

① 7일 이내   ② 14일 이내

③ 15일 이내   ④ 30일 이내

07 등급판정위원회가 결정한 장기요양인정의 최소 유효기간은?

① 6개월   ② 1년

③ 2년   ④ 3년

08 수급자가 장기요양인정의 갱신 신청을 할 경우 그 기한은?

① 유효기간 만료 직전일까지

② 유효기간이 만료되기 전 7일까지

③ 유효기간이 만료되기 전 15일까지

④ 유효기간이 만료되기 전 30일까지

09 장기요양인정을 신청하려는 사람이 신체적·정신적 이유로 신청을 할 수 없을 때, 다음 중 그 신청을 대리할 수 없는 사람은?

① 수급자의 이해관계인
② 수급자의 친족
③ 수급자 가족의 동의를 받은 사회복지전담공무원
④ 국민건강보험공단 직원

10 다음 중 장기요양인정서를 작성할 경우의 고려사항에 해당하지 않는 것은?

① 수급자의 장기요양등급 및 환경
② 장기요양급여를 제공할 장기요양요원의 자격 현황
③ 수급자와 그 가족의 욕구와 선택
④ 시설급여의 경우 장기요양시설이 운영하는 시설 현황

장기요양급여의 종류

❶ 장기요양급여의 종류(제23조)

(1) 재가급여
① 방문요양 : 장기요양요원이 수급자의 가정 등을 방문하여 신체활동 및 가사활동 등을 지원하는 장기요양급여
② 방문목욕 : 장기요양요원이 목욕설비를 갖춘 장비를 이용하여 수급자의 가정 등을 방문하여 목욕을 제공하는 장기요양급여
③ 방문간호 : 장기요양요원인 간호사 등이 의사, 한의사 또는 치과의사의 방문간호지시서에 따라 수급자의 가정 등을 방문하여 간호, 진료의 보조, 요양에 관한 상담 또는 구강위생 등을 제공하는 장기요양급여
④ 주 · 야간보호 : 수급자를 하루 중 일정한 시간 동안 장기요양기관에 보호하여 신체활동 지원 및 심신기능의 유지 · 향상을 위한 교육 · 훈련 등을 제공하는 장기요양급여
⑤ 단기보호 : 수급자를 보건복지부령으로 정하는 범위 안에서 일정 기간 동안 장기요양기관에 보호하여 신체활동 지원 및 심신기능의 유지 · 향상을 위한 교육 · 훈련 등을 제공하는 장기요양급여
⑥ 기타재가급여 : 수급자의 일상생활 · 신체활동 지원 및 인지기능의 유지 · 향상에 필요한 용구를 제공하거나 가정을 방문하여 재활에 관한 지원 등을 제공하는 장기요양급여로서 대통령령으로 정하는 것

(2) 시설급여
장기요양기관에 장기간 입소한 수급자에게 신체활동 지원 및 심신기능의 유지 · 향상을 위한 교육 · 훈련 등을 제공하는 장기요양급여

(3) 특별현금급여
① 가족요양비 : 제24조에 따라 지급하는 가족장기요양급여
② 특례요양비 : 제25조에 따라 지급하는 특례장기요양급여
③ 요양병원간병비 : 제26조에 따라 지급하는 요양병원장기요양급여

(4) 장기요양급여를 제공할 수 있는 장기요양기관의 종류 및 기준과 장기요양급여 종류별 장기요양요원의 범위 · 업무 · 보수교육 등에 관하여 필요한 사항은 대통령령으로 정한다.

(5) 장기요양급여의 제공 기준 · 절차 · 방법 · 범위, 그 밖에 필요한 사항은 보건복지부령으로 정한다.

> ★ **단기보호 급여기간(「노인장기요양보험법 시행규칙」 제11조)**
> 단기보호 급여를 받을 수 있는 기간은 월 9일 이내로 한다. 단 가족의 여행, 병원 치료 등의 사유로 수급자를 돌볼 가족이 없는 경우 1회 9일 이내의 범위에서 연간 4회까지 연장할 수 있다.

❷ 가족요양비(제24조)

(1) 다음의 어느 하나에 해당하는 수급자가 가족 등으로부터 방문요양에 상당한 장기요양을 받은 때 대통령령으로 정하는 기준에 따라 수급자에게 가족요양비를 지급할 수 있다.
① 도서 · 벽지 등 장기요양기관이 현저히 부족한 지역으로서 보건복지부장관이 정하여 고시하는 지역에 거주하는 자

www.gosinet.co.kr

노인장기요양보험법

1회 기출예상

2회 기출예상

3회 기출예상

4회 기출예상

5회 기출예상

② 천재지변이나 그 밖에 이와 유사한 사유로 인하여 장기요양기관이 제공하는 장기요양급여를 이용하기가 어렵다고 보건복지부장관이 인정하는 자

③ 신체·정신 또는 성격 등 대통령령으로 정하는 사유로 인하여 가족 등으로부터 장기요양을 받아야 하는 자

(2) 가족요양비의 지급절차와 그 밖에 필요한 사항은 보건복지부령으로 정한다.

3 특례요양비(제25조)

(1) 공단은 수급자가 장기요양기관이 아닌 노인요양시설 등의 기관 또는 시설에서 재가급여 또는 시설급여에 상당한 장기요양급여를 받은 경우 대통령령으로 정하는 기준에 따라 해당 장기요양급여비용의 일부를 해당 수급자에게 특례요양비로 지급할 수 있다.

(2) 장기요양급여가 인정되는 기관 또는 시설의 범위, 특례요양비의 지급절차, 그 밖에 필요한 사항은 보건복지부령으로 정한다.

4 요양병원간병비(제26조)

(1) 공단은 수급자가 요양병원에 입원한 때 대통령령으로 정하는 기준에 따라 장기요양에 사용되는 비용의 일부를 요양병원간병비로 지급할 수 있다.

(2) 요양병원간병비의 지급절차와 그 밖에 필요한 사항은 보건복지부령으로 정한다.

> **+ 더 알아보기**
>
> 「노인장기요양보험법 시행규칙」 제14조(비급여대상) ① 법 제23조 제1항에 따른 장기요양급여의 범위에서 제외되는 사항(비급여대상)은 다음 각 호와 같다.
> 1. 식사재료비
> 2. 상급침실 이용에 따른 추가비용 : 노인요양시설 또는 노인요양공동생활가정에서 본인이 원하여 1인실 또는 2인실을 이용하는 경우 장기요양에 소요된 총 비용에서 제1호, 제3호 및 제4호의 비용과 장기요양급여비용을 제외한 금액
> 3. 이·미용비
> 4. 그 외 일상생활에 통상 필요한 것과 관련된 비용으로 수급자에게 부담시키는 것이 적당하다고 보건복지부장관이 정하여 고시한 비용

법령 핵심체크 OX

📖 다음을 읽고 맞는 것은 O, 틀린 것은 X에 표시하시오.

01 장기요양급여는 재가급여, 시설급여, 특별현금급여로 구분할 수 있다.   (O / X)

02 방문요양은 장기요양요원이 수급자의 가정 등을 방문하여 신체활동 및 가사활동을 지원하는 재가급여이다.   (O / X)

03 방문목욕은 장기요양요원이 목욕설비를 갖춘 시설에서 수급자에게 목욕을 제공하는 시설급여이다.   (O / X)

04 방문간호는 장기요양요원인 간호사 등이 의사, 한의사 또는 치과의사가 작성한 방문간호지시서에 따라 수급자의 가정 등을
방문하여 간호 등을 제공하는 재가급여이다.   (O / X)

05 주·야간보호는 수급자를 하루 중 일정한 시간 동안 장기요양기관에 보호하는 재가급여이다.   (O / X)

06 단기보호는 수급자를 보건복지부령으로 정하는 일정 기간 동안 장기요양기관에 보호하는 시설급여이다.   (O / X)

07 기타재가급여는 수급자의 일상생활·신체활동 지원 및 인지기능의 유지·향상에 필요한 용구를 제공하는 특별현금급여이다.
(O / X)

08 시설급여는 장기요양기관에 장기간 입소한 수급자에게 신체활동 지원 및 심신기능의 유지·향상을 위한 교육·훈련 등을
제공하는 장기요양급여이다.   (O / X)

09 재가급여와 시설급여를 제공하는 장기요양기관의 종류 및 기준에 관하여는 대통령령으로 정한다.   (O / X)

10 특별현금급여의 종류로는 가족요양비, 특례요양비, 요양병원간병비가 있다.   (O / X)

11 도서 · 벽지 등 장기요양기관이 현저히 부족한 지역에 거주하는 수급자는 가족 등으로부터 방문요양에 상당한 장기요양급여를 제공받고 가족요양비를 지급받을 수 있다. (○ / ×)

12 신체 · 정신 또는 성격 등의 사유로 가족 등으로부터 장기요양을 받아야 하는 수급자가 가족 등으로부터 방문요양에 상당한 장기요양급여를 받은 때에는 해당 수급자에게 특별현금급여인 가족요양비를 지급할 수 있다. (○ / ×)

13 천재지변 혹은 기타 유사한 사유로 인해 장기요양기관이 제공하는 장기요양급여를 이용하기 어렵다면 가족 등으로부터 방문요양에 상당한 장기요양급여를 제공받고 가족요양비를 지급받을 수 있다. (○ / ×)

14 수급자가 장기요양기관이 아닌 노인요양시설에서 장기요양급여를 받은 경우에는 특례요양비의 지급대상이 되지 않는다. (○ / ×)

15 수급자가 요양병원에 입원한 경우 장기요양에 사용되는 비용의 일부를 특별현금급여인 요양병원간병비로 지급할 수 있다. (○ / ×)

정답과 해설 | ✔

01 ○	02 ○	03 ×	04 ○
05 ○	06 ×	07 ×	08 ○
09 ○	10 ○	11 ○	12 ○
13 ○	14 ×	15 ○	

▶ 정답과 해설 5p

법령 확인문제

4장 장기요양급여의 종류

01 다음 중 장기요양급여에 해당하지 않는 것은?

① 재가급여　　　　　　　　　② 시설급여
③ 특별현금급여　　　　　　　　④ 건강검진

02 다음 중 재가급여에 해당하지 않는 장기요양급여는?

① 방문목욕　　　　　　　　　　② 기타재가급여
③ 단기보호　　　　　　　　　　④ 시설급여

03 다음 중 특별현금급여에 해당하지 않는 것은?

① 가족요양비　　　　　　　　　② 종합병원입원비
③ 특례요양비　　　　　　　　　④ 요양병원간병비

04 장기요양요원인 간호사 등의 방문간호를 위해 의사가 작성하는 문서는?

① 개인별장기요양이용계획서　　② 의사소견서
③ 방문간호지시서　　　　　　　④ 장기요양급여 제공 계획서

05 다음에서 설명하는 장기요양급여의 종류는?

> 공단은 수급자가 장기요양기관이 아닌 노인요양시설 등의 기관 또는 시설에서 재가급여 또는 시설급여에 상당한 장기요양급여를 받은 경우 해당 장기요양급여비용의 일부를 해당 수급자에게 지급할 수 있다.

① 특례요양비   ② 요양병원간병비   ③ 본인부담금   ④ 기타재가급여

06 다음 중 가족요양비의 지급대상에 해당하지 않는 경우는? (단, 제시된 조건 이외의 사항은 모두 충족한 것으로 본다)

① 수급자가 장기요양기관이 현저히 부족한 도서 · 벽지에 거주하는 경우

② 천재지변으로 인하여 장기요양기관이 제공하는 장기요양급여를 이용하기 어려운 경우

③ 수급자가 장기요양급여가 아닌 노인요양시설에 입소해야 하는 경우

④ 수급자의 정신적 사유로 인하여 가족 등으로부터 장기요양을 받아야 하는 경우

07 다음 빈칸 ㉠ ~ ㉢에 들어갈 내용으로 바르게 연결된 것은?

> 1. 시설급여 : 장기요양기관에 (㉠) 입소한 수급자에게 신체활동 지원 및 심신기능의 유지 · 향상을 위한 교육 · 훈련 등을 제공
> 2. 단기보호 : 수급자를 (㉡) 장기요양기관에 보호하여 신체활동 지원 및 심신기능의 유지 · 향상을 위한 교육 · 훈련 등을 제공
> 3. 주 · 야간보호 : 수급자를 (㉢) 장기요양기관에 보호하여 신체활동 지원 및 심신기능의 유지 · 향상을 위한 교육 · 훈련 등을 제공

	㉠	㉡	㉢
①	하루 중 일정한 시간동안	일정 기간 동안	장기간
②	장기간	일정 기간 동안	하루 중 일정한 시간 동안
③	하루 중 일정한 시간동안	장기간	일정 기간 동안
④	장기간	하루 중 일정한 시간 동안	일정 기간 동안

장기요양급여의 제공

1 장기요양급여의 제공(제27조)

(1) 수급자는 장기요양인정서와 개인별장기요양이용계획서가 도달한 날부터 장기요양급여를 받을 수 있다.

(2) 수급자는 돌볼 가족이 없는 경우 등 대통령령으로 정하는 사유가 있는 경우 신청서를 제출한 날부터 장기요양인정서가 도달되는 날까지의 기간 중에도 장기요양급여를 받을 수 있다.

(3) 수급자는 장기요양급여를 받으려면 장기요양기관에 장기요양인정서와 개인별장기요양이용계획서를 제시하여야 한다.

(4) 수급자가 장기요양인정서 및 개인별장기요양이용계획서를 제시하지 못하는 경우 장기요양기관은 공단에 전화나 인터넷 등을 통하여 그 자격 등을 확인할 수 있다.

(5) 장기요양기관은 수급자가 제시한 장기요양인정서와 개인별장기요양이용계획서를 바탕으로 장기요양급여 제공 계획서를 작성하고 수급자의 동의를 받아 그 내용을 공단에 통보하여야 한다.

(6) 장기요양급여 인정 범위와 절차, 장기요양급여 제공 계획서 작성 절차에 관한 구체적인 사항 등은 대통령령으로 정한다.

2 특별현금급여수급계좌(제27조의2)

(1) 공단은 특별현금급여를 받는 수급자의 신청이 있는 경우에는 특별현금급여를 수급자 명의의 지정된 계좌(특별현금급여수급계좌)로 입금하여야 한다.

(2) 정보통신장애나 그 밖에 대통령령으로 정하는 불가피한 사유로 특별현금급여수급계좌로 이체할 수 없을 때에는 현금 지급 등 대통령령으로 정하는 바에 따라 특별현금급여를 지급할 수 있다.

(3) 특별현금급여수급계좌가 개설된 금융기관은 특별현금급여만이 특별현금급여수급계좌에 입금되도록 관리하여야 한다.

(4) 특별현금급여수급계좌의 신청방법 · 절차와 관리에 필요한 사항은 대통령령으로 정한다.

3 월 한도액(제28조)

(1) 장기요양급여는 월 한도액 범위 안에서 제공한다.

(2) 월 한도액은 장기요양등급 및 장기요양급여의 종류 등을 고려하여 산정한다.

(3) 월 한도액의 산정기준 및 방법, 그 밖에 필요한 사항은 보건복지부령으로 정한다.

4 급여외행위(제28조의2)

(1) 수급자 또는 장기요양기관은 장기요양급여를 제공받거나 제공할 경우 급여외행위를 요구하거나 제공하여서는 아니 된다.

(2) 급여외행위의 종류

① 수급자의 가족만을 위한 행위

② 수급자 또는 그 가족의 생업을 지원하는 행위

③ 그 밖에 수급자의 일상생활에 지장이 없는 행위

(3) 그 밖에 급여외행위의 범위 등에 관한 구체적인 사항은 보건복지부령으로 정한다.

5 급여의 제한(제29조)

(1) 공단은 장기요양급여를 받고 있는 자가 정당한 사유 없이 장기요양등급판정의 조사나 자료의 제출 등에 관한 요구에 응하지 아니하거나 답변을 거절한 경우 장기요양급여의 전부 또는 일부를 제공하지 아니하게 할 수 있다.

(2) 공단은 장기요양급여를 받고 있거나 받을 수 있는 자가 장기요양기관이 거짓이나 그 밖의 부정한 방법으로 장기요양급여비용을 받는 데에 가담한 경우 장기요양급여를 중단하거나 1년의 범위에서 장기요양급여의 횟수 또는 제공 기간을 제한할 수 있다.

(3) 장기요양급여의 중단 및 제한 기준과 그 밖에 필요한 사항은 보건복지부령으로 정한다.

6 준용(제30조)

「국민건강보험법」 제53조(급여의 제한) 제1항 제4호, 같은 조 제2항부터 제6항까지, 제54조(급여의 정지) 및 제109조 제10항(외국인 등에 대한 보험급여 제한에 관한 특례규정)은 이 법에 따른 보험료 체납자 등에 대한 장기요양급여의 제한 및 장기요양급여의 정지에 관하여 준용한다. 이 경우 "가입자"는 "장기요양보험가입자"로, "보험급여"는 "장기요양급여"로 본다.

+ **더 알아보기**

> 「국민건강보험법」 제54조(급여의 정지) 보험급여를 받을 수 있는 사람이 다음 각 호의 어느 하나에 해당하면 그 기간에는 보험급여를 하지 아니한다. 다만, 제3호 및 제4호의 경우에는 제60조에 따른 요양급여를 실시한다.
>
> 1. 삭제 〈2020. 4. 7.〉
> 2. 국외에 체류하는 경우
> 3. 제6조 제2항 제2호에 해당하게 된 경우 : 「병역법」에 따른 현역병(지원에 의하지 아니하고 임용된 하사를 포함한다), 전환복무된 사람 및 군간부후보생
> 4. 교도소, 그 밖에 이에 준하는 시설에 수용되어 있는 경우

노인장기요양보험법

1회 기출예상

2회 기출예상

3회 기출예상

4회 기출예상

5회 기출예상

★「국민건강보험법」 제53조(급여의 제한)

공단은 보험급여를 받을 수 있는 사람이 다음 각 호의 어느 하나에 해당하면 보험급여를 하지 아니한다.

4. 업무 또는 공무로 생긴 질병·부상·재해로 다른 법령에 따른 보험급여나 보상(報償) 또는 보상(補償)을 받게 되는 경우

법령 핵심체크 OX

5장 장기요양급여의 제공

📖 다음을 읽고 맞는 것은 O, 틀린 것은 X에 표시하시오.

01 수급자는 장기요양인정서와 개인별장기요양이용계획서가 도달한 날부터 장기요양급여를 받을 수 있다. (O / X)

02 수급자를 돌볼 가족이 없음을 이유로 장기요양인정의 신청서를 제출한 날부터 장기요양급여를 받을 수는 없다.(O / X)

03 수급자가 장기요양급여를 받기 위해서는 장기요양인정서와 개인별장기요양이용계획서를 장기요양기관에 제시하여야 한다.
(O / X)

04 장기요양인정서와 개인별장기요양이용계획서를 제시하지 못하는 수급자의 경우 장기요양기관이 직접 국민건강보험공단에
그 자격을 확인할 수 있다. (O / X)

05 장기요양기관은 장기요양급여 제공 계획서를 작성하여 국민건강보험공단의 동의를 받아 이를 수급자에게 통보하여야 한다.
(O / X)

06 국민건강보험공단은 특별현금급여를 받는 수급자의 신청이 있는 경우에는 그 특별현금급여를 수급자 명의의 지정된 계좌에
입금하여야 한다. (O / X)

07 정보통신장애를 이유로 특별현금급여를 계좌에 이체할 수 없게 된 경우에는 특별현금급여를 현금으로 지급할 수 있다.
(O / X)

08 국민건강보험공단은 대통령령으로 정하는 불가피한 사유에 의해 수급자에게 지급하는 특별현금급여를 현금으로 지급할 수도
있다. (O / X)

09 금융기관은 특별현금급여수급계좌로 일반예금과 특별현금급여수급을 함께 이용할 수 있도록 하여야 한다. (O / X)

10 장기요양급여는 장기요양등급 및 장기요양급여의 종류 등을 고려하여 산정된 월 한도액 범위 내에서 제공된다.(O / X)

11 장기요양기관은 장기요양급여를 제공할 경우 수급자의 가족만을 위한 행위를 하여서는 안 된다. (O / X)

12 수급자는 장기요양기관에게 장기요양급여를 통해 수급자의 생업을 지원할 것을 요구할 수 있다. (○ / ×)

13 수급자는 장기요양기관에게 장기요양급여를 통해 수급자 가족의 생업을 지원할 것을 요구할 수 있다. (○ / ×)

14 장기요양기관은 기관장 재량에 따라 장기요양급여를 통해 수급자의 일상생활에 지장이 없는 행위를 제공할 수 있다. (○ / ×)

15 국민건강보험공단은 장기요양급여를 받고 있는 자가 정당한 사유 없이 등급판정의 재조사에 따른 요구를 응하지 않음을 이유로 장기요양급여의 제공을 제한할 수 없다. (○ / ×)

16 국민건강보험공단은 장기요양기관이 거짓이나 부정한 방법으로 장기요양급여비용을 받는 데에 가담한 수급자에 대해 장기요양급여의 제공을 중단하거나 1년의 범위 내에서 장기요양급여의 횟수 또는 제공기한을 제한할 수 있다. (○ / ×)

17 「노인장기요양보험법」은 「국민건강보험법」의 지역가입자인 국내체류 외국인 등의 보험료 체납규정(제109조 제10항)의 내용을 준용한다. (○ / ×)

정답과 해설 | ✔

01 O	02 X	03 O	04 O
05 X	06 O	07 O	08 O
09 X	10 O	11 O	12 X
13 X	14 X	15 X	16 O
17 O			

법령 확인문제

▶ 정답과 해설 6p

5장 장기요양급여의 제공

01 다음 내용의 빈칸 ㉠, ㉡에 들어갈 내용으로 적절한 것은?

> 수급자는 장기요양급여를 받으려면 장기요양기관에 장기요양인정서와 (㉠)를 제시하여야 한다. 장기요양기관은 수급자가 제시한 장기요양인정서와 (㉠)를 바탕으로 (㉡)를 작성하고 수급자의 동의를 받아 그 내용을 공단에 통보하여야 한다.

	㉠	㉡
①	개인별장기요양이용계획서	장기요양급여제공계획서
②	장기요양급여제공계획서	개인별장기요양이용계획서
③	의사소견서	개인별장기요양이용계획서
④	개인별장기요양이용계획서	의사소견서

02 다음 중 원칙상 수급자가 장기요양급여를 받을 수 있는 자격을 취득하는 날은?

① 장기요양인정의 신청서를 제출한 날

② 등급판정위원회가 수급자임을 결정한 날

③ 수급자에게 장기요양인정서와 개인별장기요양이용계획서가 도달한 날

④ 장기요양기관이 수급자와의 장기요양급여계약을 공단에 통보한 날

03 다음 중 급여외행위에 해당하는 것을 모두 고르면?

> ㉠ 수급자의 가족만을 위한 행위
> ㉡ 수급자의 생업을 지원하는 행위
> ㉢ 수급자의 일상생활에 지장이 없는 행위
> ㉣ 수급자 가족의 생업을 지원하는 행위

① ㉢
② ㉠, ㉡, ㉢
③ ㉠, ㉡, ㉣
④ ㉠, ㉡, ㉢, ㉣

04 다음 내용의 빈칸에 공통으로 들어갈 용어는?

> 공단은 특별현금급여를 받는 수급자의 신청이 있는 경우에는 특별현금급여를 수급자 명의의 지정된 계좌인 (   )로 입금하여야 한다. 다만, 정보통신장애나 그 밖에 대통령령으로 정하는 불가피한 사유로 (   )로 이체할 수 없을 때에는 현금 지급 등 대통령령으로 정하는 바에 따라 특별현금급여를 지급할 수 있다.

① 요양비등수급계좌
② 특별현금급여수급계좌
③ 복지급여수급계좌
④ 실업급여수급계좌

05 장기요양급여계약을 체결하기 위해 장기요양기관을 방문한 수급자가 장기요양인정서를 지참하지 않은 경우 장기요양기관의 대처로 옳은 것은?

① 장기요양급여의 제공을 거절한다.
② 장기요양기관이 장기요양인정서를 직접 발급한다.
③ 공단에 전화나 인터넷 등을 통해 자격여부를 확인한다.
④ 보건복지부에 장기요양인정서의 재발급을 요청한다.

06 장기요양기관

1 기관의 지정(제31조)

(1) 장기요양기관의 지정조건

① 재가급여 또는 시설급여를 제공하는 장기요양기관을 운영하려는 자는 보건복지부령으로 정하는 장기요양에 필요한 시설 및 인력을 갖추어 소재지를 관할 구역으로 하는 특별자치시장·특별자치도지사·시장·군수·구청장으로부터 지정을 받아야 한다.

② 장기요양기관으로 지정을 받을 수 있는 시설은 노인복지시설 중 대통령령으로 정하는 시설로 한다.

③ 특별자치시장·특별자치도지사·시장·군수·구청장이 장기요양기관의 지정을 하려는 경우에는 다음의 사항을 검토하여 장기요양기관을 지정하여야 한다.

  ㉠ 장기요양기관을 운영하려는 자의 장기요양급여 제공 이력

  ㉡ 장기요양기관을 운영하려는 자 및 그 기관에 종사하려는 자가 이 법, 「사회복지사업법」 또는 「노인복지법」 등 장기요양기관의 운영과 관련된 법에 따라 받은 행정처분의 내용

  ㉢ 장기요양기관의 운영 계획

  ㉣ 해당 지역의 노인인구 수 및 장기요양급여 수요 등 지역 특성

  ㉤ 그 밖에 특별자치시장·특별자치도지사·시장·군수·구청장이 장기요양기관으로 지정하는 데 필요하다고 인정하여 정하는 사항

(2) 장기요양기관의 지정을 하려는 특별자치시장·특별자치도지사·시장·군수·구청장은 공단에 관련 자료의 제출을 요청하거나 그 의견을 들을 수 있다.

(3) 특별자치시장·특별자치도지사·시장·군수·구청장은 장기요양기관을 지정한 때 지체 없이 지정 명세를 공단에 통보하여야 한다.

(4) 재가급여를 제공하는 장기요양기관 중 의료기관이 아닌 자가 설치·운영하는 장기요양기관이 방문간호를 제공하는 경우에는 방문간호의 관리책임자로서 간호사를 둔다.

(5) 장기요양기관의 지정절차와 그 밖에 필요한 사항은 보건복지부령으로 정한다.

2 결격사유(제32조의2)

(1) 미성년자, 피성년후견인 또는 피한정후견인

(2) 「정신건강증진 및 정신질환자 복지서비스 지원에 관한 법률」 제3조 제1호의 정신질환자. 다만, 전문의가 장기요양기관 설립·운영 업무에 종사하는 것이 적합하다고 인정하는 사람은 그러하지 아니하다.

(3) 「마약류 관리에 관한 법률」 제2조 제1호의 마약류에 중독된 사람

(4) 파산선고를 받고 복권되지 아니한 사람

★ **대통령령으로 정하는 노인복지시설**

「노인복지법」 제31조에서 규정하고 있는 노인복지시설의 종류 중에서 대통령령으로 정하는 시설은 노인의료복지시설 및 재가노인복지시설을 말한다(「노인장기요양보험법 시행령」 제14조).

★ **2021. 6. 30. 시행 개정법**

장기요양기관 지정 심사시 장기요양기관을 운영하려는 자 또는 장기요양요원이 받는 행정처분의 내용을 반영하도록 하고 있는데, 관리책임이 있는 시설장이 받은 행정처분의 내용에 대해서는 별도의 규정을 두고 있지 않아 그 검토 대상의 범위를 확대하였다.

(5) 금고 이상의 실형을 선고받고 그 집행이 종료(집행이 종료된 것으로 보는 경우를 포함한다)되거나 집행이 면제된 날부터 5년이 경과되지 아니한 사람

(6) 금고 이상의 형의 집행유예를 선고받고 그 유예기간 중에 있는 사람

(7) 대표자가 (1) ~ (6) 중 어느 하나에 해당하는 법인

3 지정의 유효기간(제32조의3)

장기요양기관 지정의 유효기간은 지정을 받은 날부터 6년으로 한다.

4 지정의 갱신(제32조의4)

(1) 장기요양기관의 장은 지정의 유효기간이 끝난 후에도 계속하여 그 지정을 유지하려는 경우에는 소재지를 관할구역으로 하는 특별자치시장·특별자치도지사·시장·군수·구청장에게 지정 유효기간이 끝나기 90일 전까지 지정 갱신을 신청하여야 한다.

(2) 지정의 갱신 신청을 받은 특별자치시장·특별자치도지사·시장·군수·구청장은 갱신 심사에 필요하다고 판단되는 경우에는 장기요양기관에 추가자료의 제출을 요구하거나 소속 공무원으로 하여금 현장심사를 하게 할 수 있다.

(3) 지정 갱신이 지정 유효기간 내에 완료되지 못한 경우에는 심사 결정이 이루어질 때까지 지정이 유효한 것으로 본다.

(4) 특별자치시장·특별자치도지사·시장·군수·구청장은 갱신 심사를 완료한 경우 그 결과를 지체 없이 해당 장기요양기관의 장에게 통보하여야 한다.

(5) 특별자치시장·특별자치도지사·시장·군수·구청장이 지정의 갱신을 거부하는 경우 그 내용의 통보 및 수급자의 권익을 보호하기 위한 조치에 관하여는 제37조(장기요양기관 지정의 취소) 제2항 및 제5항을 준용한다.

(6) 그 밖에 지정 갱신의 기준, 절차 및 방법 등에 필요한 사항은 보건복지부령으로 정한다.

5 시설·인력에 관한 변경(제33조)

(1) 장기요양기관의 장은 시설 및 인력 등 보건복지부령으로 정하는 중요한 사항을 변경하려는 경우에는 보건복지부령으로 정하는 바에 따라 특별자치시장·특별자치도지사·시장·군수·구청장의 변경지정을 받아야 한다.

(2) 장기요양기관의 (1) 이외의 사항을 변경하려는 경우에는 보건복지부령으로 정하는 바에 따라 특별자치시장·특별자치도지사·시장·군수·구청장에게 변경신고를 하여야 한다.

(3) 변경지정을 하거나 변경신고를 받은 특별자치시장·특별자치도지사·시장·군수·구청장은 지체 없이 해당 변경 사항을 공단에 통보하여야 한다.

6 정보의 안내(제34조)

(1) 장기요양기관은 수급자가 장기요양급여를 쉽게 선택하도록 하고 장기요양기관이 제공하는 급여의 질을 보장하기 위하여 장기요양기관별 급여의 내용, 시설·인력 등 현황자료 등을 공단이 운영하는 인터넷 홈페이지에 게시하여야 한다.

(2) 정보의 게시 내용, 방법, 절차, 그 밖에 필요한 사항은 보건복지부령으로 정한다.

7 장기요양기관의 의무(제35조)

(1) 장기요양기관은 수급자로부터 장기요양급여신청을 받은 때 장기요양급여의 제공을 거부하여서는 아니 된다. 다만, 입소정원에 여유가 없는 경우 등 정당한 사유가 있는 경우는 그러하지 아니하다.

(2) 장기요양기관은 장기요양급여의 제공 기준·절차 및 방법 등에 따라 장기요양급여를 제공하여야 한다.

(3) 장기요양기관의 장은 장기요양급여를 제공한 수급자에게 장기요양급여비용에 대한 명세서를 교부하여야 한다.

(4) 장기요양기관의 장은 장기요양급여 제공에 관한 자료를 기록·관리하여야 하며, 장기요양기관의 장 및 그 종사자는 장기요양급여 제공에 관한 자료를 거짓으로 작성하여서는 아니 된다.

(5) 장기요양기관은 제40조 제1항 단서에 따라 면제받거나 같은 조 제3항에 따라 감경받는 금액 외에 영리를 목적으로 수급자가 부담하는 재가 및 시설 급여비용(이하 "본인부담금"이라 한다)을 면제하거나 감경하는 행위를 하여서는 아니 된다.

(6) 누구든지 영리를 목적으로 금전, 물품, 노무, 향응, 그 밖의 이익을 제공하거나 제공할 것을 약속하는 방법으로 수급자를 장기요양기관에 소개, 알선 또는 유인하는 행위 및 이를 조장하는 행위를 하여서는 아니 된다

(7) 장기요양급여비용의 명세서, (4)에 따라 기록·관리하여야 할 장기요양급여 제공 자료의 내용 및 보존기한, 그 밖에 필요한 사항은 보건복지부령으로 정한다.

8 재무·회계기준(제35조의2)

(1) 장기요양기관의 장은 보건복지부령으로 정하는 재무·회계에 관한 기준에 따라 장기요양기관을 투명하게 운영하여야 한다.

(2) 장기요양기관 중 「사회복지사업법」 제34조에 따라 설치한 사회복지시설은 같은 조 제4항에 따른 재무·회계에 관한 기준에 따른다.

(3) 보건복지부장관은 장기요양기관 재무·회계기준을 정할 때에는 장기요양기관의 특성 및 그 시행시기 등을 고려하여야 한다.

★ 사회복지시설
노인, 장애인, 아동/청소년, 모·부자, 부랑/노숙인 등의 보호·선도 등의 각종 복지사업과 이에 관련된 자원봉사활동을 목적으로 공공기관 혹은 민간이 설치한 시설로, 사회복지시설 중 노인복지시설은 「노인장기요양보험법」의 적용을 받는 장기요양기관이 아닌 아닌 「사회복지사업법」과 「노인요양법」의 적용을 받는다는 점에서 구분된다.

9 인권교육(제35조의3)

(1) 장기요양기관 중 대통령령으로 정하는 기관을 운영하는 자와 그 종사자는 인권에 관한 교육을 받아야 한다.

(2) 장기요양기관 중 대통령령으로 정하는 기관을 운영하는 자는 해당 기관을 이용하고 있는 장기요양급여 수급자에게 인권교육을 실시할 수 있다.

(3) 인권교육기관
   ① 보건복지부장관은 인권교육을 효율적으로 실시하기 위하여 인권교육기관을 지정할 수 있다.
   ② 보건복지부장관은 예산의 범위에서 인권교육에 소요되는 비용을 지원할 수 있으며, 지정을 받은 인권교육기관은 보건복지부장관의 승인을 받아 인권교육에 필요한 비용을 교육대상자로부터 징수할 수 있다.
   ③ 보건복지부장관은 인권교육기관이 다음의 어느 하나에 해당하면 그 지정을 취소하거나 6개월 이내의 기간을 정하여 업무의 정지를 명해야 한다. 단, ㉠의 경우는 그 지정을 취소하여야 한다.
      ㉠ 거짓이나 그 밖의 부정한 방법으로 지정을 받은 경우
      ㉡ 보건복지부령으로 정하는 지정요건을 갖추지 못하게 된 경우
      ㉢ 인권교육의 수행능력이 현저히 부족하다고 인정되는 경우

(4) 인권교육의 대상·내용·방법, 인권교육기관의 지정 및 인권교육기관의 지정취소·업무정지 처분의 기준 등에 필요한 사항은 보건복지부령으로 정한다.

10 장기요양요원의 보호(제35조의4)

(1) 장기요양기관의 장은 장기요양요원의 다음의 어느 하나를 이유로 인한 고충의 해소를 요청하는 경우 업무의 전환 등 대통령령으로 정하는 바에 따라 적절한 조치를 하여야 한다.
   ① 수급자 및 그 가족이 장기요양요원에게 폭언·폭행·상해 또는 성희롱·성폭력 행위를 하는 경우
   ② 수급자 및 그 가족이 장기요양요원에게 급여외행위의 제공을 요구하는 경우

(2) 장기요양기관의 장은 장기요양요원에게 다음의 행위를 하여서는 아니 된다.
   ① 장기요양요원에게 급여외행위의 제공을 요구하는 행위
   ② 수급자가 부담하여야 할 본인부담금의 전부 또는 일부를 부담하도록 요구하는 행위

11 보험 가입(제35조의5)

(1) 장기요양기관은 종사자가 장기요양급여를 제공하는 과정에서 발생할 수 있는 수급자의 상해 등 법률상 손해를 배상하는 보험(전문인 배상책임보험)에 가입할 수 있다.

(2) 공단은 장기요양기관이 전문인 배상책임보험에 가입하지 않은 경우 그 기간 동안 해당 장기요양기관에 지급하는 장기요양급여비용의 일부를 감액할 수 있다.

(3) 장기요양급여비용의 감액 기준 등에 관하여 필요한 사항은 보건복지부령으로 정한다.

12 폐업 등의 신고(제36조)

(1) 신고절차

① 장기요양기관의 장은 폐업하거나 휴업하고자 하는 경우 폐업이나 휴업 예정일 전 30일까지 특별자치시장·특별자치도지사·시장·군수·구청장에게 신고하여야 한다.

② 신고를 받은 특별자치시장·특별자치도지사·시장·군수·구청장은 지체 없이 신고 명세를 공단에 통보하여야 한다.

③ 특별자치시장·특별자치도지사·시장·군수·구청장은 장기요양기관의 장이 유효기간이 끝나기 30일 전까지 지정 갱신 신청을 하지 아니하는 경우 그 사실을 공단에 통보하여야 한다.

(2) 수급자의 권익보호조치

① 장기요양기관의 장은 장기요양기관을 폐업하거나 휴업하려는 경우 또는 장기요양기관의 지정 갱신을 하지 아니하려는 경우 보건복지부령으로 정하는 바에 따라 수급자의 권익을 보호하기 위하여 다음의 조치를 취하여야 한다.

㉠ 해당 장기요양기관을 이용하는 수급자가 다른 장기요양기관을 선택하여 이용할 수 있도록 계획을 수립하고 이행하는 조치

㉡ 해당 장기요양기관에서 수급자가 제40조 제1항 및 제2항에 따라 부담한 비용 중 정산하여야 할 비용이 있는 경우 이를 정산하는 조치

㉢ 그 밖에 수급자의 권익 보호를 위하여 필요하다고 인정되는 조치로서 보건복지부령으로 정하는 조치

② 특별자치시장·특별자치도지사·시장·군수·구청장은 폐업·휴업 신고를 접수한 경우 또는 장기요양기관의 장이 유효기간이 끝나기 30일 전까지 지정 갱신 신청을 하지 아니한 경우 장기요양기관의 장이 수급자의 권익을 보호하기 위한 조치를 취하였는지의 여부를 확인한다.

③ 만일 인근지역에 대체 장기요양기관이 없는 경우 등 장기요양급여에 중대한 차질이 우려되는 때에는 장기요양기관의 폐업·휴업 철회 또는 지정 갱신 신청을 권고하거나 그 밖의 다른 조치를 강구하여야 한다.

(3) 특별자치시장·특별자치도지사·시장·군수·구청장은 장기요양기관이 운영하는 노인의료복지시설 등에 대하여 사업정지 또는 폐지 명령을 하는 경우 지체 없이 공단에 그 내용을 통보하여야 한다.

(4) 장기요양급여 제공 자료의 이관

① 장기요양기관의 장은 폐업·휴업 신고를 할 때 또는 장기요양기관의 지정 갱신을

하지 아니하여 유효기간이 만료될 때 보건복지부령으로 정하는 바에 따라 장기요양 급여 제공 자료를 공단으로 이관하여야 한다.

② 다만, 휴업 신고를 하는 장기요양기관의 장이 휴업 예정일 전까지 공단의 허가를 받은 경우에는 장기요양급여 제공 자료를 직접 보관할 수 있다.

13 시정명령(제36조의2)

특별자치시장·특별자치도지사·시장·군수·구청장은 장기요양기관 재무·회계기준을 위반한 장기요양기관에 대하여 6개월 이내의 범위에서 일정한 기간을 정하여 시정을 명할 수 있다.

14 지정의 취소 및 업무정지(제37조)

(1) 특별자치시장·특별자치도지사·시장·군수·구청장은 장기요양기관이 다음의 어느 하나에 해당하는 경우 그 지정을 취소하거나 6개월의 범위에서 업무정지를 명할 수 있다.

① 수급자 또는 장기요양기관이 급여외행위를 제공한 경우(제28조의2 위반) 다만, 장기요양기관의 장이 그 위반행위를 방지하기 위하여 해당 업무에 관하여 상당한 주의와 감독을 게을리하지 아니한 경우는 제외한다.

② 장기요양기관의 지정기준에 적합하지 아니한 경우(제31조 제1항 위반)

③ 정당한 사유 없이 장기요양급여의 제공을 거부한 경우(제35조 제1항 위반)

④ 장기요양기관이 영리를 목적으로 수급자의 본인부담금을 면제하거나 감경하는 행위를 한 경우(제35조 제5항 위반)

⑤ 영리를 목적으로 금전, 물품, 노무, 향응, 그 밖의 이익을 제공하거나 제공할 것을 약속하는 방법으로 수급자를 장기요양기관에 소개, 알선 또는 유인하는 행위 및 이를 조장하는 행위(제35조 제6항 위반)

⑥ 장기요양기관의 장이 장기요양요원에게 급여외행위의 제공을 요구하거나 본인부담금을 부담하도록 요구하는 행위(제35조의4 제2항 위반)

⑦ 재무·회계기준을 위반한 장기요양기관에 대한 시정명령을 이행하지 아니하거나(제36조의2 위반) 회계부정행위가 있는 경우

⑧ 정당한 사유 없이 장기요양급여의 평가를 거부·방해 또는 기피하는 경우(제54조 위반)

⑨ 보건복지부장관, 특별시장·광역시장·도지사 또는 특별자치시장·특별자치도지사·시장·군수·구청장의 자료제출 명령에 따르지 아니하거나 거짓으로 자료제출을 한 경우나 질문 또는 검사를 거부·방해 또는 기피하거나 거짓으로 답변한 경우(제61조 제2항 위반)

⑩ 장기요양기관의 종사자가 한 행위가 다음의 어느 하나에 해당하는 경우. 다만, 장기요양기관의 장이 그 행위를 방지하기 위하여 해당 업무에 관하여 상당한 주의와 감독을 게을리하지 아니한 경우는 제외한다.

㉠ 수급자의 신체에 폭행을 가하거나 상해를 입히는 행위

㉡ 수급자에게 성적 수치심을 주는 성폭행, 성희롱 등의 행위

㉢ 자신의 보호·감독을 받는 수급자를 유기하거나 의식주를 포함한 기본적 보호 및 치료를 소홀히 하는 방임행위

㉣ 수급자를 위하여 증여 또는 급여된 금품을 그 목적 외의 용도에 사용하는 행위

㉤ 폭언, 협박, 위협 등으로 수급자의 정신건강에 해를 끼치는 정서적 학대행위

(2) 장기요양기관의 지정취소사유 : 다음의 경우는 업무정지 없이 바로 지정을 취소해야 한다.

① 거짓이나 그 밖의 부정한 방법으로 장기요양기관 지정을 받은 경우

② 장기요양기관의 지정결격사유에 해당하게 된 경우(제32조의2 위반). 단, 법인의 경우에는 3개월 내에 그 대표자를 변경하는 때에는 그러하지 아니하다.

③ 폐업 또는 휴업 신고를 하지 아니하고 1년 이상 장기요양급여를 제공하지 아니한 경우(제36조 제1항 위반)

④ 업무정지기간 중에 장기요양급여를 제공한 경우

⑤ 「부가가치세법」 제8조에 따른 사업자등록 또는 「소득세법」 제168조에 따른 사업자등록이나 고유번호가 말소된 경우

(3) 특별자치시장·특별자치도지사·시장·군수·구청장은 지정취소 혹은 업무정지명령을 한 경우에는 지체 없이 그 내용을 공단에 통보하고, 보건복지부령으로 정하는 바에 따라 보건복지부장관에게 통보한다. 이 경우 시장·군수·구청장은 관할 특별시장·광역시장 또는 도지사를 거쳐 보건복지부장관에게 통보하여야 한다.

(4) 수급자의 권익 보호 조치

① 특별자치시장·특별자치도지사·시장·군수·구청장은 제1항에 따라 장기요양기관이 지정취소 또는 업무정지되는 경우에는 해당 장기요양기관을 이용하는 수급자의 권익을 보호하기 위하여 적극적으로 노력하여야 한다.

② 특별자치시장·특별자치도지사·시장·군수·구청장의 수급자 권익 보호 조치사항

㉠ 행정처분의 내용을 우편 또는 정보통신망 이용 등의 방법으로 수급자 또는 그 보호자에게 통보하는 조치

㉡ 해당 장기요양기관을 이용하는 수급자가 다른 장기요양기관을 선택하여 이용할 수 있도록 하는 조치

③ 지정취소 또는 업무정지되는 장기요양기관의 장은 해당 기관에서 수급자의 본인부담금 중 정산하여야 할 비용이 있는 경우 이를 정산하여야 한다.

(5) 다음 각 호의 어느 하나에 해당하는 자(법인인 경우 그 대표자를 포함한다)는 장기요양기관으로 지정받을 수 없다

① 지정취소를 받은 후 3년이 지나지 아니한 자

② 업무정지명령을 받고 업무정지기간이 지나지 아니한 자

(6) 행정처분의 기준은 보건복지부령으로 정한다.

★ 사업자등록(「부가가치세법」 제8조)

사업자는 각 사업장마다 사업 개시일로부터 20일 이내에 사업장 관할 세무서장에 사업자등록을 신청할 수 있다(신규로 사업을 시작하려는 자는 사업 개시일 이전에 사업자등록을 신청할 수 있다).

★ 고유번호(「소득세법」 제168조)

관할 세무서장은 종합소득이 있는 자로서 사업자가 아닌 자, 즉 비영리사업을 영위하는 비영리단체에 대해서 사업자등록에 준하는 고유번호를 매겨 해당 단체의 세무를 관리한다.

15 과징금(제37조의2)

(1) 요건

① 제37조에 따른 업무정지명령을 하여야 하는 경우

② 그 업무정지가 해당 장기요양기관을 이용하는 수급자에게 심한 불편을 줄 우려가 있는 등 보건복지부장관이 정하는 특별한 사유가 있다고 인정되는 경우

(2) 내용

특별자치시장·특별자치도지사·시장·군수·구청장은 업무정지명령을 갈음하여 2억 원 이하의 과징금을 부과할 수 있다.

(3) 예외 1 - 제4호 위반

① 요건

㉠ 거짓이나 그 밖의 부정한 방법으로 재가 및 시설 급여비용을 청구하여(제37조 제1항 제4호) 업무정지명령을 하여야 하는 경우

㉡ 해당 장기요양기관을 이용하는 수급자에게 심한 불편을 줄 우려가 있는 등 보건복지부장관이 정하는 특별한 사유가 있다고 인정되는 경우

② 내용

특별자치시장·특별자치도지사·시장·군수·구청장은 업무정지명령을 갈음하여 거짓이나 그 밖의 부정한 방법으로 청구한 금액의 5배 이하의 금액을 과징금으로 부과할 수 있다.

(4) 예외 2 - 제6호 위반

제37조 제1항 제6호를 위반한 행위로 보건복지부령으로 정하는 경우(수급자에게 성적 수치심을 주는 성폭행, 성희롱 등의 행위)에는 업무정지명령을 갈음하여 과징금을 부과하는 처분을 내릴 수 없다.

(5) 부과 및 징수

① 과징금을 부과하는 위반행위의 종류 및 위반의 정도 등에 따른 과징금의 금액과 과징금의 부과절차 등에 필요한 사항은 대통령령으로 정한다.

② 특별자치시장·특별자치도지사·시장·군수·구청장은 과징금을 내야 할 자가 납부기한까지 내지 아니한 경우에는 지방세 체납처분의 예에 따라 징수한다.

③ 특별자치시장·특별자치도지사·시장·군수·구청장은 과징금의 부과와 징수에 관한 사항을 보건복지부령으로 정하는 바에 따라 기록·관리하여야 한다.

16 위반사실의 공표(제37조의3)

(1) 요건

① 만일 장기요양기관이 거짓으로 재가·시설 급여비용을 청구하였다는 이유로 제37조의 행정제재 처분이 확정되었을 때 다음의 어느 하나에 해당하는 경우

㉠ 거짓으로 청구한 금액이 1천만 원 이상인 경우

㉡ 거짓으로 청구한 금액이 장기요양급여비용 총액의 100분의 10 이상인 경우

★ 과징금

행정청이 일정한 행정의무를 위반한 사업자에 대해 업무정지 처분을 대신하여 금전적 제재를 가하는 행정처분의 일종으로, 금전적 제재에 해당하나 형법상의 벌금과 행정질서벌인 과태료와는 구분된다. 일반적으로 업무정지 처분에 따라 발생하는 국민의 불편 등을 이유로 이에 갈음하여 부과한다.

② 장기요양기관이 자료제출 명령에 따르지 아니하거나 거짓으로 자료제출을 한 경우나 질문 또는 검사를 거부·방해 또는 기피하거나 거짓으로 답변하였다는 이유로 행정 제재처분이 확정된 경우

(2) 내용

보건복지부장관 또는 특별자치시장·특별자치도지사·시장·군수·구청장은 위반사실, 처분내용, 장기요양기관의 명칭·주소, 장기요양기관의 장의 성명, 그 밖에 다른 장기요 양기관과의 구별에 필요한 사항으로서 대통령령으로 정하는 사항을 공표하여야 한다.

(3) 예외

① 장기요양기관의 폐업 등으로 공표의 실효성이 없는 경우

② 장기요양기관이 위반 사실의 공표 전 자료제출 명령에 따르거나 질문 또는 검사에 응한 경우

(4) 공표심의위원회

① 보건복지부장관 또는 특별자치시장·특별자치도지사·시장·군수·구청장은 공표 여부 등을 심의하기 위하여 공표심의위원회를 설치·운영할 수 있다.

② 공표 여부의 결정 방법, 공표 방법·절차 및 제3항에 따른 공표심의위원회의 구성· 운영 등에 필요한 사항은 대통령령으로 정한다.

17 행정제재처분의 승계(제37조의4)

(1) 제37조의 행정제재처분의 효과는 그 처분을 한 날로부터 3년간 다음의 어느 하나에 해당 하는 자에게 승계된다.

① 장기요양기관을 양도한 경우 양수인

② 법인이 합병된 경우 합병으로 신설되거나 합병 후 존속하는 법인

③ 장기요양기관 폐업 후 같은 장소에서 장기요양기관을 운영하는 자 중 종전에 행정제 재처분을 받은 자(법인인 경우 그 대표자를 포함한다)나 그 배우자 또는 직계혈족

(2) 행정제재처분의 절차가 진행 중일 때에는 다음의 어느 하나에 해당하는 자에 대하여 그 절차를 계속 이어서 할 수 있다.

① (1)의 ①, ②에 해당하는 자

② 장기요양기관 폐업 후 3년 이내에 같은 장소에서 장기요양기관을 운영하는 자 중 종전에 위반행위를 한 자(법인인 경우 그 대표자를 포함한다)나 그 배우자 또는 직 계혈족.

(3) 만일 양수인 등이 양수, 합병 또는 운영시 해당 행정제재처분 또는 위반사실을 알지 못하 였음을 증명하는 경우에는 그 효과를 승계받지 않는다.

(4) 행정제재처분을 받았거나 그 절차가 진행 중인 자는 보건복지부령으로 정하는 바에 따라 지체 없이 그 사실을 양수인 등에게 알려야 한다.

노인장기요양보험법

1회 기출예상

2회 기출예상

3회 기출예상

4회 기출예상

5회 기출예상

+ 더 알아보기

「노인장기요양보험법 시행규칙」제29조의5(행정제재처분 사실의 통보) ① 법 제37조의4 제 4항에 따라 행정제재처분을 받았거나 그 절차가 진행 중인 자는 「우편법 시행규칙」제25 조 제1항 제4호 가목 및 다목에 따른 내용증명 및 배달증명의 방법으로 지체없이 행정제 재처분을 받은 사실 또는 행정제재처분의 절차가 진행 중인 사실을 양수인등에게 통보하 여야 한다.

② 제1항에 따라 행정제재처분 관련 사실을 통보하는 경우에는 다음 각 호의 내용 모두를 명시하여야 한다. 다만, 행정제재처분 절차가 진행 중인 경우에는 제2호 및 제4호의 내용 은 제외할 수 있다.

1. 행정제재처분의 처분청
2. 행정제재처분의 내용 및 사유
3. 행정제재처분 대상 위반행위 및 그 적발일
4. 행정제재처분의 처분일
5. 해당 장기요양기관이 제공하는 장기요양급여의 종류
6. 행정제재처분 대상 장기요양기관의 명칭, 대표자 성명 및 장기요양기관의 소재지

18 장기요양급여 제공의 제한(제37조의5)

(1) 특별자치시장 · 특별자치도지사 · 시장 · 군수 · 구청장은 장기요양기관의 종사자가 거짓이나 그 밖의 부정한 방법으로 재가급여비용 또는 시설급여비용을 청구하는 행위에 가담한 경우 해당 종사자가 장기요양급여를 제공하는 것을 1년의 범위에서 제한하는 처분을 할 수 있다.

(2) 특별자치시장 · 특별자치도지사 · 시장 · 군수 · 구청장은 장기요양급여 제공의 제한 처분을 한 경우 지체 없이 그 내용을 공단에 통보하여야 한다.

(3) 장기요양급여 제공 제한 처분의 기준 · 방법, 통보의 방법 · 절차, 그 밖에 필요한 사항은 보건복지부령으로 정한다.

법령 핵심체크 OX

📖 다음을 읽고 맞는 것은 O, 틀린 것은 X에 표시하시오.

01 재가급여 혹은 시설급여를 제공하는 장기요양기관을 운영하려는 자는 소재지를 관할 구역으로 하는 특별자치시장·특별자치도지사·시장·군수·구청장으로부터의 지정을 받아야 한다. (O / X)

02 장기요양기관으로 지정받으려는 자는 보건복지부령으로 정하는 바에 따라 장기요양에 필요한 시설 및 인력을 차후에 갖출 수 있다. (O / X)

03 장기요양기관의 지정을 할 경우 그 장기요양기관을 운영하려는 자의 장기요양급여 제공 이력에 대해 국민건강보험공단에 관련 자료의 제출을 요청할 수 있다. (O / X)

04 재가급여를 제공하는 장기요양기관 중 의료기관이 설치·운영하는 장기요양기관이 방문간호를 제공하는 경우에는 방문간호의 관리책임자로서 간호사를 둔다. (O / X)

05 미성년자도 장기요양기관으로 지정받을 수 있다. (O / X)

06 정신질환자의 경우에는 전문의가 장기요양기관 설립·운영 업무에 종사하는 것이 적합하다고 인정한 경우에 한해 장기요양기관으로 지정받을 수 있다. (O / X)

07 파산선고를 받은 이력이 있는 사람은 복권 후에도 장기요양기관으로 지정받을 수 없다. (O / X)

08 금고 이상의 실형을 선고받고 그 집행이 종료되거나 집행이 면제된 날부터 5년이 경과한 사람은 장기요양기관으로 지정받을 수 있다. (O / X)

09 장기요양기관 지정의 유효기간은 지정을 받은 날로부터 6년으로 한다. (O / X)

10 장기요양기관이 지정의 유효기간이 끝난 후에도 계속해서 그 지정을 유지하기 위해서는 지정 유효기간이 끝나기 30일 전까지 지정 갱신을 신청하여야 한다. (O / X)

11 지정 유효기간 내에 지정 갱신이 완료되지 못한 경우에는 그 결정이 이루어질 때까지 지정이 유효한 것으로 본다. (O / X)

12 장기요양기관의 장은 장기요양기관의 시설 및 인력 등 중요한 사항의 변경에 있어 특별자치시장 · 특별자치도지사 · 시장 · 군수 · 구청장의 변경지정을 받아야 한다.　(○ / ×)

13 장기요양기관은 입소정원의 여유가 없는 등의 정당한 사유가 없는 한 장기요양급여의 제공을 거부할 수 없다. (○ / ×)

14 장기요양기관은 영리를 목적으로 수급자가 부담하는 재가 및 시설급여비용을 면제하거나 감경할 수 있다.　(○ / ×)

15 누구든지 금전, 물품, 노무, 향응 기타 이익을 제공하거나 제공할 것을 약속하는 방법으로 수급자를 장기요양기관에 소개, 알선 또는 유인하여서는 안 된다.　(○ / ×)

16 인권교육은 보건복지부장관이 지정하는 인권교육기관에서 실시되며, 장기요양기관이 그 수급자에게 인권교육을 실시할 수는 없다.　(○ / ×)

17 인권교육기관은 보건복지부장관으로부터 인권교육에 소요되는 비용을 지원받으며, 별도로 교육에 필요한 비용을 교육대상자로부터 징수하여서는 안 된다.　(○ / ×)

18 인권교육기관이 거짓이나 그 밖의 부정한 방법으로 지정을 받은 경우 보건복지부장관은 그 지정을 취소하여야 한다.　(○ / ×)

19 장기요양기관의 장은 장기요양요원이 급여외행위의 제공을 요구받음 등의 이유로 고충의 해소를 요청하는 경우 업무의 전환 등의 적절한 조치를 하여야 한다.　(○ / ×)

20 장기요양기관은 「노인장기요양보험법」에 따라 전문인 배상책임보험에 의무적으로 가입하여야 한다.　(○ / ×)

21 국민건강보험공단은 전문인 배상책임보험에 가입하지 않은 장기요양기관에 대해 지급하는 장기요양급여비용의 일부를 감액할 수 있다.　(○ / ×)

22 장기요양기관의 장은 폐업하거나 휴업하고자 할 경우 그 예정일 전 30일까지 특별자치시장 · 특별자치도지사 · 시장 · 군수 · 구청장에게 이를 신고하여야 한다.　(○ / ×)

23 장기요양기관의 장은 장기요양기관을 폐업하려는 경우 수급자가 다른 장기요양기관을 선택하여 이용할 수 있도록 계획을 수립하고 이행하는 조치를 취하여야 한다.　(○ / ×)

24 특별자치시장·특별자치도지사·시장·군수·구청장은 만일 휴업 또는 폐업예정인 장기요양기관의 인근 지역에 대체 장기요양기관이 없는 경우 그 철회를 권고할 수 있다. (O / X)

25 장기요양기관의 장은 장기요양기관의 지정갱신을 하지 않아 유효기간이 만료될 경우 장기요양급여 제공 자료를 국민건강보험공단에 이관하여야 한다. (O / X)

26 특별자치시장·특별자치도지사·시장·군수·구청장은 장기요양기관의 재무·회계기준을 위반한 장기요양기관에 대해 6개월 이내의 기간을 정해 시정을 명할 수 있다. (O / X)

27 거짓이나 그 밖의 부정한 방법으로 장기요양기관의 지정을 받은 경우에는 그 지정을 취소하거나 6개월 범위에서 업무정지를 명할 수 있다. (O / X)

28 장기요양기관의 급여외행위의 제공에 있어 장기요양기관의 장이 그 위반행위를 방지하기 위한 상당한 주의와 감독을 게을리하지 않았다면 업무정지처분의 대상이 되지 않는다. (O / X)

29 폐업 또는 휴업 신고를 하지 않고 6개월 이상 장기요양급여를 제공하지 않은 장기요양기관에 대해서는 그 지정을 취소하여야 한다. (O / X)

30 거짓이나 그 밖의 부정한 방법으로 재가 및 시설급여비용을 청구한 장기요양기관에 대해서는 지정취소 혹은 1년 이내의 업무정지를 명할 수 있다. (O / X)

31 업무정지기간 중에 장기요양급여를 제공한 장기요양기관에 대해서는 그 지정을 취소하여야 한다. (O / X)

32 특별자치시장·특별자치도지사·시장·군수·구청장은 장기요양기관의 지정취소 혹은 업무정지명령사실을 우편 등의 방법으로 수급자 또는 그 보호자에게 통보하여야 한다. (O / X)

33 장기요양기관의 지정취소를 받은 지 5년이 지나지 않은 자는 장기요양기관으로 지정받을 수 없다. (O / X)

34 수급자에 대한 폭행 또는 상해로 인해 부과할 장기요양기관 업무정지명령이 해당 장기요양기관을 이용하는 수급자에게 심한 불편을 줄 우려가 있다고 인정되는 경우 그 업무정지명령을 갈음하여 2억 원 이하의 과징금을 부과할 수 있다. (O / X)

35 장기요양기관이 거짓이나 그 밖의 부정한 방법으로 재가 및 시설급여비용을 청구하여 부과할 업무정지명령이 해당 장기요양기관을 이용하는 수급자에게 심한 불편을 줄 우려가 있다면 그 청구 금액의 5배 이하의 금액을 과징금으로 부과할 수 있다. (O / X)

36 장기요양기관이 거짓으로 재가 및 시설급여비용을 청구한 금액이 500만 원 이상인 경우에는 그 위반사실, 처분내용, 장기요양기관의 명칭 및 주소 등을 공표할 수 있다. (○ / ×)

37 위반사실 공표대상이 된 장기요양기관이 폐업한 경우에는 공표의 실효성이 없어 그 위반사실을 공표하지 않는다. (○ / ×)

38 장기요양기관의 업무정지 또는 지정취소의 효과는 그 처분을 한 날로부터 3년 내에 그 장기요양기관을 양도한 양수인에게 승계된다. (○ / ×)

39 지정취소된 장기요양기관의 법인이 합병되어 새로 신설된 법인에게는 그 지정취소의 효과가 승계되지 않는다. (○ / ×)

40 지정취소된 장기요양기관이 폐업한 후 그 행정처분을 받은 자의 직계혈족이 같은 장소에서 장기요양기관을 운영하게 되었다면 그 지정취소의 효과는 승계되지 않는다. (○ / ×)

41 장기요양기관에 대한 행정처분 효과가 승계받은 자는 양수 · 합병 · 운영 시에 행정제재처분 또는 위반사실을 알지 못하였음을 증명하여 그 승계효과에 대항할 수 있다. (○ / ×)

42 행정제재처분을 받았거나 그 절차가 진행중인 자는 그 사실을 양수인 등에게 알려야 할 의무는 없다. (○ / ×)

43 국민건강보험공단은 장기요양기관의 종사자가 거짓이나 그 밖의 부정한 방법으로 재가급여비용의 청구행위에 가담한 경우, 해당 종사자가 장기요양급여를 제공하는 것을 1년의 범위에서 제한하는 처분을 할 수 있다. (○ / ×)

정답과 해설 | ✔

01 O	02 X	03 O	04 X
05 X	06 O	07 X	08 O
09 O	10 X	11 O	12 O
13 O	14 X	15 O	16 X
17 X	18 O	19 O	20 X
21 O	22 O	23 O	24 O
25 O	26 O	27 X	28 O
29 X	30 X	31 O	32 O
33 X	34 O	35 O	36 X
37 O	38 O	39 X	40 X
41 O	42 X	43 X	

법령 확인문제

6장 장기요양기관

▶ 정답과 해설 6p

01 다음 중 장기요양기관의 지정을 위해 특별자치시장 · 특별자치도지사 · 시장 · 군수 · 구청장이 공단에 자료 제출을 요청할 수 있는 항목이 아닌 것은?

① 장기요양기관의 운영계획
② 장기요양기관을 운영하려는 자의 장기요양급여 제공 이력
③ 장기요양기관이 위치한 지역의 특성
④ 장기요양기관을 운영하려는 자의 형사기록

02 다음 빈칸에 들어갈 사람은?

> 의료기관이 아닌 자가 설치 · 운영하는 장기요양기관이 방문간호를 제공하기 위해서는 기관 내 방문간호의 관리책임자로 (   )를 두어야 한다.

① 간호사   ② 의사
③ 요양보호사   ④ 사회복지사

03 금고 이상의 실형을 선고받은 사람은 그 집행이 종료된 후 몇 년 동안 장기요양기관의 지정을 받을 수 없는가?

① 2년   ② 3년
③ 5년   ④ 기간에 관계없이 지정을 받을 수 없다.

04 지정을 받은 날을 기준으로 장기요양기관의 지정의 유효기간은?

① 3년 ② 5년
③ 6년 ④ 8년

05 장기요양기관 지정의 갱신에 관한 다음 내용의 빈칸 ㉠, ㉡에 들어갈 것으로 옳은 것은?

장기요양기관의 장은 장기요양기관 지정의 유효기간이 끝난 후에도 계속하여 그 지정을 유지하려는 경우에는 소재지를 관할구역으로 하는 (㉠)에게 지정 유효기간이 끝나기 (㉡) 전까지 지정 갱신을 신청하여야 한다.

	㉠	㉡
①	국민건강보험공단 지역본부장	90일
②	특별자치시장 · 특별자치도지사 · 시장 · 군수 · 구청장	90일
③	국민건강보험공단 지역본부장	30일
④	특별자치시장 · 특별자치도지사 · 시장 · 군수 · 구청장	30일

06 다음 중 장기요양기관의 종사자가 장기요양급여를 제공하는 과정에서 발생하는 수급자의 상해에 대한 손해배상보험은?

① 산업재해보상보험 ② 전문인 손해배상보험
③ 고용보험 ④ 간병보험

07 다음 내용의 빈칸에 공통으로 들어갈 단어은?

> 장기요양기관 중 대통령령으로 정하는 기관을 운영하는 자와 그 종사자는 (   )을 받아야
> 하며, 장기요양기관 중 대통령령으로 정하는 기관을 운영하는 자는 해당 기관을 이용하고 있는 장기
> 요양급여 수급자에게 (   )을 실시할 수 있다.
> 　보건복지부장관은 (   )을 효율적으로 실시하기 위하여 (   )기관을 지정할 수 있고,
> 예산의 범위에서 (   )에 소요되는 비용을 지원할 수 있다.

① 장기요양요원보호교육　　　　　　　② 치매예방교육

③ 응급처치교육　　　　　　　　　　　④ 인권교육

08 장기요양기관이 폐업이나 휴업을 예정하고 있는 경우, 그 신고기한은?

① 예정일로부터 7일 전까지　　　　　② 예정일로부터 14일 전까지

③ 예정일로부터 30일 전까지　　　　　④ 예정일로부터 60일 전까지

09 인권교육기관의 인권교육 수행능력이 현저히 부족함을 이유로 업무정지처분을 할 경우 그 명령주체와
정지기간의 상한을 순서대로 바르게 연결한 것은?

① 국민건강보험공단, 6개월　　　　　② 보건복지부장관, 6개월

③ 국민건강보험공단, 1년　　　　　　④ 보건복지부장관, 1년

10 특별자치시장·특별자치도지사·시장·군수·구청장은 재무·회계기준을 위반한 장기요양기관에 대해 서는 몇 개월 이내의 범위에서의 시정기간을 명할 수 있는가?

① 6개월   ② 3개월

③ 2개월   ④ 1개월

11 다음 빈칸에 공통으로 들어갈 기관의 명칭은?

> 장기요양기관의 장은 폐업·휴업 신고를 하거나 장기요양기관의 지정 갱신을 하지 아니하여 유효 기간이 만료될 때 장기요양급여 제공 자료를 (   )(으)로 이관하여야 한다.
> 다만, 휴업 신고를 하는 장기요양기관의 장이 휴업 예정일 전까지 (   )의 허가를 받은 경우 에는 장기요양급여 제공 자료를 직접 보관할 수 있다

① 국민건강보험공단   ② 보건복지부

③ 특별자치시·특별자치도·시·군·구   ④ 장기요양위원회

12 다음 중 장기요양기관이 반드시 지정취소처분을 받는 위반행위를 모두 고르면?

> ㉠ 거짓이나 그 밖의 부정한 방법으로 장기요양기관의 지정을 받은 경우
> ㉡ 폐업이나 휴업 신고를 하지 않고 1년 이상 장기요양급여를 제공하지 않은 경우
> ㉢ 업무정지기간 중 장기요양급여를 제공한 경우
> ㉣ 장기요양기관의 종사자가 수급자를 유기한 경우
> ㉤ 영리를 목적으로 수급자의 본인부담금을 면제하거나 감경한 경우

① ㉠, ㉡, ㉢   ② ㉠, ㉣, ㉤

③ ㉡, ㉢, ㉤   ④ ㉢, ㉣, ㉤

13 「노인장기요양보험법」은 장기요양기관의 지정취소를 받은 자는 그 지정취소를 받은 후 몇 년간 다시 장기요양기관의 지정을 받을 수 없도록 하고 있는가?

① 1년

② 3년

③ 5년

④ 기간에 관계없이 다시 지정을 받을 수 없다.

14 거짓이나 부정한 방법으로 재가 및 시설급여비용을 청구한 장기요양기관 등의 예외사항을 제외한 특별 자치시장 · 특별자치도지사 · 시장 · 군수 · 구청장의 업무정지명령에 갈음하여 부과할 수 있는 과징금의 상한은?

① 5,000만 원 이하   ② 1억 원 이하

③ 2억 원 이하   ④ 3억 원 이하

15 거짓이나 부정한 방법으로 재가 및 시설급여비용을 청구한 장기요양기관의 경우 특별자치시장 · 특별자치 도지사 · 시장 · 군수 · 구청장이 업무정지명령에 갈음하여 부과할 수 있는 과징금의 상한은?

① 부정하게 청구한 금액 이하

② 부정하게 청구한 금액의 2배 이하

③ 부정하게 청구한 금액의 3배 이하

④ 부정하게 청구한 금액의 5배 이하

16 다음은 거짓이나 부정한 방법으로 재가 및 시설급여비용을 청구한 장기요양기관의 처분이 확정된 경우 그 위반사실을 공표하기 위한 기준이다. 빈칸에 들어갈 숫자를 순서대로 바르게 연결한 것은?

> 1. 거짓으로 청구한 금액이 (　　)원 이상인 경우
> 2. 거짓으로 청구한 금액이 장기요양급여비용 총액의 100분의 (　　) 이상인 경우

① 5천만, 20 　　　　　　　② 3천만, 20
③ 2천만, 10 　　　　　　　④ 1천만, 10

17 다음 중 3년 내에 장기요양기관에 대한 행정제재처분의 효과가 승계되는 경우를 모두 고르면? (단, 제시된 조건 이외의 사항은 고려하지 않는다)

> ㉠ 장기요양기관을 양도한 경우의 양수인
> ㉡ 법인 합병으로 신설된 법인
> ㉢ 법인 합병으로 존속하는 법인
> ㉣ 행정제재처분을 받은 자의 배우자가 장기요양기관 폐업 후 같은 장소에서 장기요양기관을 운영하는 경우

① ㉠, ㉣ 　　　　　　　② ㉡, ㉢
③ ㉠, ㉢, ㉣ 　　　　　　④ ㉠, ㉡, ㉢, ㉣

18 장기요양기관이 부정한 방법으로 재가급여비용을 청구하는 행위에 가담한 장기요양기관의 종사자에 대한 장기요양급여의 제공을 제한하는 처분기간의 상한은?

① 6개월 　　　　　　　② 1년
③ 2년 　　　　　　　④ 3년

재가 및 시설 급여비용 등

1 청구 및 지급(제38조)

(1) 장기요양기관은 수급자에게 재가급여 또는 시설급여를 제공한 경우 공단에 장기요양급여비용을 청구하여야 한다.

(2) 공단은 장기요양기관으로부터 재가 또는 시설 급여비용의 청구를 받은 경우 이를 심사하여 그 내용을 장기요양기관에 통보하여야 하며, 장기요양에 사용된 비용 중 공단부담금(재가 및 시설 급여비용 중 본인부담금을 공제한 금액을 말한다)을 해당 장기요양기관에 지급하여야 한다.

(3) 공단은 장기요양기관의 장기요양급여평가 결과에 따라 장기요양급여비용을 가산 또는 감액조정하여 지급할 수 있다.

(4) 과다본인부담금

① 공단은 장기요양급여비용을 심사한 결과 수급자가 이미 낸 본인부담금이 장기요양기관이 통보한 본인부담금보다 더 많으면 두 금액 간의 차액을 장기요양기관에 지급할 금액에서 공제하여 수급자에게 지급하여야 한다.

② 수급자에게 지급하여야 할 과다본인부담금은 그 수급자가 납부하여야 하는 장기요양보험료 및 그 밖에 이 법에 따른 징수금과 상계(相計)할 수 있다.

(5) 장기요양기관은 지급받은 장기요양급여비용 중 보건복지부장관이 정하여 고시하는 비율에 따라 그 일부를 장기요양요원에 대한 인건비로 지출하여야 한다.

(6) 자료제출명령 불이행을 원인으로 하는 장기요양급여비용의 지급보류

① 공단은 장기요양기관이 정당한 사유 없이 자료제출 명령에 따르지 아니하거나 질문 또는 검사를 거부·방해 또는 기피하는 경우 이에 응할 때까지 해당 장기요양기관에 지급하여야 할 장기요양급여비용의 지급을 보류할 수 있다.

② 공단은 장기요양급여비용의 지급을 보류하기 전에 해당 장기요양기관에 의견 제출의 기회를 주어야 한다.

(7) 재가 및 시설 급여비용의 심사기준, 장기요양급여비용의 가감지급의 기준, 청구절차, 지급방법 및 지급 보류의 절차·방법 등에 관한 사항은 보건복지부령으로 정한다.

2 장기요양급여비용 등의 산정(제39조)

(1) 보건복지부장관은 매년 급여종류 및 장기요양등급에 따라 장기요양위원회의 심의를 거쳐 다음 연도의 재가 및 시설급여비용과 특별현금급여의 지급금액을 정하여 고시하여야 한다.

(2) 보건복지부장관은 재가 및 시설 급여비용을 정할 때 대통령령으로 정하는 바에 따라 국가 및 지방자치단체로부터 장기요양기관의 설립비용을 지원받았는지 여부 등을 고려할 수 있다.

(3) 재가 및 시설 급여비용과 특별현금급여의 지급금액의 구체적인 산정방법 및 항목 등에 관하여 필요한 사항은 보건복지부령으로 정한다.

★2022. 1. 28. 시행 개정법
법률에 규정되어 있지 않아 가족요양비 등의 특별현금급여의 산정 논의 자체가 이루어지지 않은 문제가 있어 개정을 통해 특별현금급여의 산정을 함께 규정하였다.
또한 실무적으로 1년 주기로 급여비용을 산정하고 있으나 법률상으로는 이를 규정하고 있지 않아, 산정 주기를 구체적으로 명시하였다.

3 본인부담금(제40조)

(1) 수급자의 재가 및 시설 급여는 다음과 같이 수급자가 부담한다. 다만 수급자 중 「의료급여법」 제3조 제1항 제1호에 따른 수급자는 그러하지 아니하다.

    ① 재가급여 : 해당 장기요양급여비용의 100분의 15

    ② 시설급여 : 해당 장기요양급여비용의 100분의 20

(2) 다음의 장기요양급여에 대한 비용은 수급자 본인이 전부 부담한다.

    ① 「노인장기요양보험법」에 따른 급여의 범위 및 대상에 포함되지 아니하는 장기요양급여

    ② 수급자가 장기요양인정서에 기재된 장기요양급여의 종류 및 내용과 다르게 선택하여 장기요양급여를 받은 경우 그 차액

    ③ 장기요양급여의 월 한도액을 초과하는 장기요양급여

(3) 다음의 어느 하나에 해당하는 자에 대해서는 본인부담금의 100분의 60의 범위에서 보건복지부장관이 정하는 바에 따라 차등하여 감경할 수 있다.

    ① 「의료급여법」 제3조 제1항 제2호부터 제9호까지의 규정에 따른 수급권자

    ② 소득·재산 등이 보건복지부장관이 정하여 고시하는 일정 금액 이하인 자. 다만, 도서·벽지·농어촌 등의 지역에 거주하는 자에 대하여 따로 금액을 정할 수 있다.

    ③ 천재지변 등 보건복지부령으로 정하는 사유로 인하여 생계가 곤란한 자

➕ 더 알아보기

「의료급여법」 제3조(수급권자)

1. 「국민기초생활 보장법」에 따른 의료급여 수급자
2. 「재해구호법」에 따른 이재민으로서 보건복지부장관이 의료급여가 필요하다고 인정한 사람
3. 「의사상자 등 예우 및 지원에 관한 법률」에 따라 의료급여를 받는 사람
4. 「입양특례법」에 따라 국내에 입양된 18세 미만의 아동
5. 「독립유공자예우에 관한 법률」, 「국가유공자 등 예우 및 지원에 관한 법률」 및 「보훈보상대상자 지원에 관한 법률」의 적용을 받고 있는 사람과 그 가족으로서 국가보훈처장이 의료급여가 필요하다고 추천한 사람 중에서 보건복지부장관이 의료급여가 필요하다고 인정한 사람
6. 「무형문화재 보전 및 진흥에 관한 법률」에 따라 지정된 국가무형문화재의 보유자(명예보유자를 포함한다)와 그 가족으로서 문화재청장이 의료급여가 필요하다고 추천한 사람 중에서 보건복지부장관이 의료급여가 필요하다고 인정한 사람
7. 「북한이탈주민의 보호 및 정착지원에 관한 법률」의 적용을 받고 있는 사람과 그 가족으로서 보건복지부장관이 의료급여가 필요하다고 인정한 사람
8. 「5·18민주화운동 관련자 보상 등에 관한 법률」 제8조에 따라 보상금등을 받은 사람과 그 가족으로서 보건복지부장관이 의료급여가 필요하다고 인정한 사람
9. 「노숙인 등의 복지 및 자립지원에 관한 법률」에 따른 노숙인 등으로서 보건복지부장관이 의료급여가 필요하다고 인정한 사람
10. 그 밖에 생활유지 능력이 없거나 생활이 어려운 사람으로서 대통령령으로 정하는 사람

(4) 본인부담금의 산정방법, 감경절차 및 감경방법 등에 관하여 필요한 사항은 보건복지부령으로 정한다.

노인장기요양보험법

1회 기출예상

2회 기출예상

3회 기출예상

4회 기출예상

5회 기출예상

4 가족 등의 장기요양에 대한 보상(제41조)

(1) 공단은 장기요양급여를 받은 금액의 총액이 보건복지부장관이 정하여 고시하는 금액 이하에 해당하는 수급자가 가족 등으로부터 방문요양에 상당한 장기요양을 받은 경우, 보건복지부령으로 정하는 바에 따라 본인부담금의 일부를 감면하거나 이에 갈음하는 조치를 할 수 있다.

(2) 본인부담금의 감면방법 등 필요한 사항은 보건복지부령으로 정한다.

5 방문간호지시서 발급비용(제42조)

방문간호지시서를 발급하는 데 사용되는 비용, 비용부담방법 및 비용 청구·지급절차 등에 관하여 필요한 사항은 보건복지부령으로 정한다.

6 부당이득의 징수(제43조)

(1) 공단은 장기요양급여를 받은 자 또는 장기요양급여비용을 받은 자가 다음의 어느 하나에 해당하는 경우 그 장기요양급여 또는 장기요양급여비용에 상당하는 금액을 징수한다.
　① 장기요양등급의 판정 결과 요양등급재판정 대상(제15조 제4항)으로 확인된 경우
　② 월 한도액 범위를 초과하여 장기요양급여를 받은 경우
　③ 장기요양급여의 제한 등을 받을 자가 장기요양급여를 받은 경우
　④ 거짓이나 그 밖의 부정한 방법으로 재가 및 시설 급여비용을 청구하여 이를 지급받은 경우
　⑤ 기타 「노인장기요양보험법」상의 원인 없이 공단으로부터 장기요양급여를 받거나 장기요양급여비용을 지급받은 경우

(2) 부당이득 징수금의 연대납부 대상자
　① 공단은 거짓 보고 또는 증명에 의하거나 거짓 진단에 따라 장기요양급여가 제공된 때 거짓의 행위에 관여한 자와 그 요양급여를 받은 자
　② 거짓이나 그 밖의 부정한 방법으로 장기요양급여를 받은 자와 같은 세대에 속한 자 (장기요양급여를 받은 자를 부양하고 있거나 다른 법령에 따라 장기요양급여를 받은 자를 부양할 의무가 있는 자를 말한다)와 그 장기요양급여를 받은 자

(3) 장기요양기관이 수급자로부터 거짓이나 그 밖의 부정한 방법으로 장기요양급여비용을 받은 때 해당 장기요양기관으로부터 이를 징수하여 수급자에게 지체 없이 지급하여야 한다. 이 경우 공단은 수급자에게 지급하여야 하는 금액을 그 수급자가 납부하여야 하는 장기요양보험료등과 상계할 수 있다.

7 구상권(제44조)

(1) 공단은 제3자의 행위로 인한 장기요양급여의 제공사유가 발생하여 수급자에게 장기요양급여를 행한 때 그 급여에 사용된 비용의 한도 안에서 그 제3자에 대한 손해배상의 권리를 얻는다.

(2) 공단은 장기요양급여를 받은 자가 제3자로부터 이미 손해배상을 받은 때 그 손해배상액의 한도 안에서 장기요양급여를 행하지 아니한다.

★ 구상권(求償權)

타인을 대신하여 채무를 변제한 사람이 그 타인에 대하여 가지는 채무 상환청구권을 의미하며, 일반적으로 채권자-채무자-보증인의 관계에서 보증인이 채권을 대신 상환해 주고, 보증인이 채무자에게 상환금을 청구하는 경우에 발생한다.

법령 핵심체크 OX

7장 재가 및 시설 급여비용 등

📑 다음을 읽고 맞는 것은 O, 틀린 것은 X에 표시하시오.

01 장기요양기관은 수급자에게 재가급여 또는 시설급여를 제공한 경우 국민건강보험공단에 장기요양급여비용을 청구해야 한다.

(O / X)

02 장기요양기관으로부터 재가 또는 시설 급여비용의 청구를 받은 장기요양기관은 이를 심사하여 장기요양기관에 통보한다.

(O / X)

03 장기요양기관에 대한 급여비용의 지급은 장기요양에 사용된 비용 중 본인부담금을 공제한 금액인 공단부담금을 장기요양기관에 지급하는 식으로 이루어진다.

(O / X)

04 장기요양기관의 장기요양급여평가는 장기요양급여비용의 산정에 영향을 주어서는 안 된다.

(O / X)

05 만일 수급자가 이미 낸 본인부담금이 장기요양기관이 통보한 본인부담금보다 더 많으면 그 차액을 장기요양기관에 별도로 청구하여 이를 징수한다.

(O / X)

06 장기요양기관은 지급받은 장기요양급여비용 중 보건복지부장관이 정하는 비율에 따라 그 일부를 장기요양요원에 대한 인건비로 지출해야 한다.

(O / X)

07 국민건강보험공단은 정당한 사유 없이 보건복지부장관의 자료제출명령에 불응함을 이유로 장기요양기관에 대한 장기요양급여비용의 지급을 보류할 수 없다.

(O / X)

08 재가 및 시설급여비용과 특별현금급여는 매년 급여종류 및 장기요양등급 등에 따라 장기요양위원회의 심의를 거쳐 보건복지부장관이 정하여 이를 고시한다.

(O / X)

09 보건복지부장관은 재가 및 시설급여비용을 산정할 때 장기요양기관이 국가 및 지방자치단체로부터 설립비용을 지원받았는지 여부를 고려할 수 있다.

(O / X)

10 원칙적으로 재가급여의 100분의 15는 수급자가 부담한다. (○ / ×)

11 원칙적으로 시설급여의 100분의 15는 수급자가 부담한다. (○ / ×)

12 「노인장기요양보험법」에서 규정하고 있는 급여의 범위 및 대상에 해당하지 않는 장기요양급여에 대한 비용은 국가가 부담한다. (○ / ×)

13 수급자가 장기요양인정서에 기재된 장기요양급여의 종류 및 내용과 다르게 선택하여 장기요양급여를 받은 경우, 그 비용의 차액은 수급자 본인이 전부 부담한다. (○ / ×)

14 장기요양급여의 월 한도액을 초과하는 장기요양급여에 대한 비용은 수급자 본인이 부담한다. (○ / ×)

15 「의료급여법」 제3조 제1항 제2호부터 제9호까지의 규정에 따른 수급권자는 재가 및 시설급여비용의 본인부담금을 100분의 60의 범위 내에서 차등하여 감경할 수 있다. (○ / ×)

16 소득·재산이 보건복지부장관이 정하여 고시하는 일정 금액 이하인 자는 재가 및 시설급여비용의 본인부담금을 100분의 60의 범위 내에서 차등 감경할 수 있다. (○ / ×)

17 천재지변으로 인해 생계가 곤란해진 자는 시설급여비용의 본인부담금의 감경사유에 해당하지 않는다. (○ / ×)

18 장기요양급여를 받은 금액의 총액이 일정 금액 이하인 수급자가 가족 등으로부터 방문요양에 상당한 장기요양을 받은 경우 본인부담금의 일부를 감면할 수 있다. (○ / ×)

19 등급판정의 재심사 결과 거짓이나 그 밖의 부정한 방법으로 장기요양인정을 받은 것으로 확인된 경우 국민건강보험공단은 그 장기요양급여비용에 상당하는 금액을 징수한다. (○ / ×)

20 수급자가 월 한도액 범위를 초과한 장기요양급여를 받은 경우 국민건강보험공단은 그 초과액을 징수한다. (○ / ×)

21 장기요양급여의 제한을 받을 자가 장기요양급여를 이미 받은 경우 이는 징수하지 않는다. (○ / ×)

22 장기요양기관이 거짓이나 그 밖의 부정한 방법으로 재가 및 시설급여비용을 청구하여 이를 지급받은 경우 국민건강보험공단은 그 금액을 징수한다. (○/ ×)

23 장기요양인정이 거짓 진단에 의한 경우 이에 관여한 자에 대해 징수금을 연대하여 납부하게 할 수 있다. (○/ ×)

24 거짓이나 그 밖의 부정한 방법으로 장기요양급여를 받은 자와 같은 세대에 속함을 이유로 해당 징수금을 연대하여 납부하게 할 수는 없다. (○/ ×)

25 국민건강보험공단은 제3자의 행위로 인한 장기요양급여의 제공사유가 발생하여 수급자에게 장기요양급여를 행한 때 그 급여에 사용된 비용의 한도 내에서 그 제3자에 대한 손해배상의 권리인 구상권을 얻는다. (○/ ×)

26 만일 제3자의 행위로 인해 장기요양급여를 받게 된 자가 이미 제3자로부터 손해배상을 받았다면, 국민건강보험공단은 그 손해배상액의 한도 내에서는 장기요양급여를 행하지 않는다. (○/ ×)

정답과 해설 | ✔

01 O	02 O	03 O	04 X
05 X	06 O	07 X	08 O
09 O	10 O	11 X	12 X
13 O	14 O	15 O	16 O
17 X	18 O	19 O	20 O
21 X	22 O	23 O	24 X
25 O	26 O		

법령 확인문제

7장 재가 및 시설 급여비용 등

▶ 정답과 해설 9p

01 장기요양급여비용을 심사한 결과 수급자가 낸 본인부담금이 장기요양기관이 통보한 본인부담금보다 많은 경우, 그 차액에 대한 공단의 조치사항으로 옳은 것은?

① 본인부담금의 차액을 장기요양기관에 지급한다.

② 수급자가 납부해야 할 징수금이 있다면 이를 그 차액과 상계(相計)한다.

③ 장기요양급여평가에 따라 그 차액의 처분여부를 결정한다.

④ 본인부담금의 차액은 국고로 귀속된다.

02 다음 빈칸 ㉠ ~ ㉢에 들어갈 내용으로 옳은 것은?

> 재가 및 시설급여비용과 특별현금급여의 지급금액은 급여의 종류 및 장기요양등급에 따라 (㉠)의 심의를 거쳐 (㉡)이 정하여 이를 고시하며, 이때 (㉢) 로부터 장기요양기관의 설립비용을 지원받았는지 등을 고려할 수 있다.

	㉠	㉡	㉢
①	장기요양위원회	보건복지부장관	국가 및 지방자치단체
②	등급판정위원회	기획재정부장관	국가 및 지방자치단체
③	장기요양위원회	기획재정부장관	국민건강보험공단
④	등급판정위원회	보건복지부장관	국민건강보험공단

03 다음 빈칸에 들어갈 숫자 ㉠, ㉡의 합은?

> 「의료급여법」에 따른 수급자가 아닌 자의 재가 및 시설비용의 본인부담금은 재가급여의 경우 해당 장기요양급여비용의 100분의 (㉠), 시설급여는 100분의 (㉡)이다.

① 20   ② 30   ③ 35   ④ 40

04 다음 중 수급자 본인이 전부 부담하는 장기요양급여에 해당하지 않는 것은?

① 「노인장기요양보험법」 규정 외 범위의 장기요양급여

② 장기요양인정서에 기재된 장기요양급여와 다른 종류의 장기요양급여를 받은 경우 그 차액

③ 장기요양급여의 월 한도액을 초과한 장기요양급여

④ 장기요양기관이 아닌 요양병원에 입원한 경우의 그 비용

05 다음 중 재가 및 시설급여비용의 본인부담금을 100분의 60 범위에서 감경받을 수 있는 자가 아닌 것은?

① 「의료급여법」 제3조 제1항 제2호부터 제9호까지의 규정에 따른 수급권자

② 소득 · 재산 등이 보건복지부장관이 고시한 일정 금액 이하인 자

③ 「국가유공자 등 예우 및 지원에 관한 법률」에 따라 의료보호를 받는 자

④ 천재지변 등의 사유로 생계가 곤란한 자

06 다음 중 「노인장기요양보험법」에 따라 공단이 징수하는 부당이득에 해당하지 않는 것은?

① 거짓이나 부정한 방법으로 장기요양인정을 받아 장기요양등급이 재조정된 경우

② 제3자의 위법행위에 의해 지급받은 장기요양급여비용

③ 월 한도액 범위를 초과하여 지급받은 장기요양급여비용

④ 장기요양급여 지급 제한 대상자임에도 장기요양급여를 지급받은 경우

07 다음 빈칸에 들어갈 내용으로 적절한 것은?

> 국민건강보험공단은 제3자의 행위로 인한 장기요양급여의 제공사유가 발생하여 수급자에게 장기요양급여를 행한 때, 그 급여에 사용된 비용의 한도 내에서 그 제3자에 대한 손해배상의 권리인 (   )을/를 획득한다. 단, 수급자가 이미 제3자로부터 손해배상을 받은 경우에는 그 손해배상액의 한도 안에서 장기요양급여를 행하지 않는다.

① 상계권

② 소구권

③ 우선변제권

④ 구상권

장기요양위원회와 장기요양요원지원센터

1 장기요양위원회의 설치 및 기능(제45조)

(1) 다음 각 호의 사항을 심의하기 위하여 보건복지부장관 소속으로 장기요양위원회를 둔다.

① 장기요양보험료율의 심의

② 제24조부터 제26조까지의 규정에 따른 가족요양비, 특례요양비 및 요양병원간병비의 지급기준

③ 제39조에 따른 재가 및 시설 급여비용

> **+ 더 알아보기**
>
> 제39조(장기요양급여비용의 산정) ① 보건복지부장관은 매년 급여종류 및 장기요양등급 등에 따라 제45조에 따른 장기요양위원회의 심의를 거쳐 다음 연도의 재가 및 시설 급여비용과 특별현금급여의 지급금액을 정하여 고시한다.
> ② 보건복지부장관은 제1항에 따라 재가 및 시설 급여비용을 정할 때 대통령령으로 정하는 바에 따라 국가 및 지방자치단체로부터 장기요양기관의 설립비용을 지원받았는지 여부 등을 고려할 수 있다.
> ③ 제1항에 따른 재가 및 시설 급여비용과 특별현금급여의 지급금액의 구체적인 산정방법 및 항목 등에 관하여 필요한 사항은 보건복지부령으로 정한다.

④ 그 밖에 대통령령으로 정하는 주요 사항

> **+ 더 알아보기**
>
> 「노인장기요양보험법 시행령」 제16조(장기요양위원회의 심의사항) 법 제45조 제4호에서 "대통령령으로 정하는 주요 사항"이란 다음 각 호의 사항을 말한다.
> 1. 의사소견서 발급비용의 기준
> 2. 방문간호지시서 발급비용의 기준
> 3. 법 제28조에 따른 월 한도액의 결정
> 4. 그 밖에 장기요양급여에 관한 사항으로서 보건복지부장관이 회의에 부치는 사항

2 장기요양위원회의 구성(제46조)

(1) 장기요양위원회는 위원장 1인, 부위원장 1인을 포함한 16인 이상 22인 이하의 위원으로 구성한다.

(2) 위원장이 아닌 위원은 다음 중에서 보건복지부장관이 임명 또는 위촉한 자로 하고, ①~③에 해당하는 자를 각각 동수로 구성하여야 한다.

① 근로자단체, 사용자단체, 시민단체(「비영리민간단체 지원법」 제2조에 따른 비영리민간단체), 노인단체, 농어업인단체 또는 자영자단체를 대표하는 자

> **+ 더 알아보기**
>
> 「비영리민간단체 지원법」 제2조 이 법에 있어서 "비영리민간단체"라 함은 영리가 아닌 공익활동을 수행하는 것을 주된 목적으로 하는 민간단체로서 다음 각 호의 요건을 갖춘 단체를 말한다.

1. 사업의 직접 수혜자가 불특정 다수일 것
2. 구성원 상호간에 이익분배를 하지 아니할 것
3. 사실상 특정정당 또는 선출직 후보를 지지·지원 또는 반대할 것을 주된 목적으로 하거나, 특정 종교의 교리전파를 주된 목적으로 설립·운영되지 아니할 것
4. 상시 구성원 수가 100인 이상일 것
5. 최근 1년 이상 공익활동실적이 있을 것
6. 법인이 아닌 단체일 경우에는 대표자 또는 관리인이 있을 것

② 장기요양기관 또는 의료계를 대표하는 자

③ 대통령령으로 정하는 관계 중앙행정기관의 고위공무원단 소속 공무원, 장기요양에 관한 학계 또는 연구계를 대표하는 자, 공단 이사장이 추천하는 자

(3) 위원장은 보건복지부차관이 되고, 부위원장은 위원 중에서 위원장이 지명한다.

(4) 장기요양위원회 위원의 임기는 3년으로 한다. 다만, 공무원인 위원의 임기는 재임기간으로 한다.

3 장기요양위원회의 운영(제47조)

(1) 장기요양위원회 회의는 구성원 과반수의 출석으로 개의하고 출석위원 과반수의 찬성으로 의결한다.

(2) 장기요양위원회의 효율적 운영을 위하여 분야별로 실무위원회를 둘 수 있다.

(3) 그 외에 장기요양위원회의 구성·운영, 그 밖에 필요한 사항은 대통령령으로 정한다.

4 장기요양요원지원센터(제47조의2)

(1) 국가와 지방자치단체는 장기요양요원의 권리를 보호하기 위하여 장기요양요원지원센터를 설치·운영할 수 있다.

(2) 장기요양요원지원센터의 업무
  ① 장기요양요원의 권리 침해에 관한 상담 및 지원
  ② 장기요양요원의 역량강화를 위한 교육지원
  ③ 장기요양요원에 대한 건강검진 등 건강관리를 위한 사업
  ④ 그 밖에 장기요양요원의 업무 등에 필요하여 대통령령으로 정하는 사항

(3) 장기요양요원지원센터의 설치·운영 등에 필요한 사항은 보건복지부령으로 정하는 바에 따라 해당 지방자치단체의 조례로 정한다.

★ 공무원 위원(「노인장기요양보험법 시행령」 제17조)

법 제46조 제2항 제3호에서 "대통령령으로 정하는 관계 중앙행정기관의 고위공무원단 소속 공무원"이란 기획재정부 및 보건복지부의 고위공무원단 소속 공무원 중에서 각 소속기관의 장이 지명하는 자를 말한다.

법령 핵심체크 OX

📖 다음을 읽고 맞는 것은 O, 틀린 것은 X에 표시하시오.

01 장기요양위원회는 보건복지부장관 소속이다. (O / X)

02 장기요양위원회는 장기요양보험료율과 특별현금급여의 지급기준, 재가 및 시설급여비용에 관한 사항을 심의한다. (O / X)

03 장기요양위원회는 위원장 1인, 부위원장 1인을 포함하여 16인 이상 22인 이하의 위원으로 구성한다. (O / X)

04 비영리민간단체, 노인단체, 농어업인단체에서 보건복지부장관이 위촉한 자는 장기요양위원회의 위원으로 참여할 수 있다. (O / X)

05 장기요양기관 또는 의료계를 대표하는 자로 보건복지부장관에 의해 위촉된 자가 장기요양위원회의 위원으로 참여할 수 있다. (O / X)

06 국민건강보험공단 이사장의 추천을 통해서도 장기요양위원회의 위원이 될 수 있다. (O / X)

07 장기요양위원회의 위원장은 보건복지부장관이 되고, 부위원장은 위원 중에서 위원장이 지명한다. (O / X)

08 장기요양위원 중 중앙행정기관의 고위공무원단 소속 공무원의 임기는 3년으로 한다. (O / X)

09 장기요양위원회의 회의는 구성원 과반수의 출석으로 개의하고, 출석위원 과반수의 찬성으로 의결한다. (O / X)

10 장기요양위원회의 효율적인 운영을 위해 각 분야별로 실무위원회를 둘 수 있다. (O / X)

11 국민건강보험공단은 장기요양요원의 권리를 보호하기 위해 장기요양요원지원센터를 설치·운영할 수 있다. (○ / ×)

12 장기요양요원지원센터는 장기요양요원에 대한 상담 및 지원업무를 수행한다. (○ / ×)

13 장기요양요원지원센터에서는 장기요양요원의 역량강화를 위한 교육지원 업무를 수행한다. (○ / ×)

14 장기요양요원지원센터에서는 장기요양요원에 대한 건강검진 등 건강관리를 위한 사업을 수행하지 않는다. (○ / ×)

15 장기요양요원지원센터의 설치·운영에 필요한 사항은 보건복지부령에 정하는 바에 따라 해당 지방자치단체의 조례로 정한다.
(○ / ×)

정답과 해설 | ✔

01 ○	02 ○	03 ○	04 ○
05 ○	06 ○	07 ×	08 ×
09 ○	10 ○	11 ×	12 ○
13 ○	14 ×	15 ○	

▶ 정답과 해설 10p

법령 확인문제

8장 장기요양위원회와 장기요양요원지원센터

01 다음 중 장기요양위원회의 소속 기관은?

① 보건복지부장관　　　　　　　② 국민건강보험공단
③ 건강보험정책심의위원회　　　 ④ 장기요양등급판정위원회

02 다음 중 장기요양위원회의 심의사항이 아닌 것은?

① 장기요양보험료율　　　　　　 ② 장기요양등급의 판정기준
③ 특별현금급여의 지급기준　　　④ 재가 및 시설급여비용

03 다음 장기요양위원회의 구성에 대한 내용 중 빈칸 ㉠, ㉡에 들어갈 말은?

> 장기요양위원회는 위원장 1인, 부위원장 1인을 포함한 16인 이상 22인 이하의 위원으로 구성하며, 위원장은 (㉠)이 되고, 부위원장은 위원 중에서 위원장이 지명한다. 장기요양위원회의 임기는 (㉡)이며, 공무원인 위원의 임기는 재임기간으로 한다.

	㉠	㉡
①	보건복지부장관	3년
②	국민공단보험공단 이사장	5년
③	보건복지부차관	3년
④	보건복지부장관	5년

04 다음 중 장기요양요원지원센터의 운영주체는?

① 보건복지부장관

② 국민건강보험공단

③ 국가 · 지방자치단체

④ 대통령

05 다음 중 장기요양요원지원센터의 업무에 해당하지 않는 것은?

① 장기요양요원의 권리 침해에 관한 상담

② 장기요양요원의 역량 강화를 위한 교육지원

③ 장기요양요원의 건강검진 등의 건강관리

④ 장기급여비용 중 장기요양요원의 인건비 지출비용의 산정

관리운영기관

1 관리운영기관(제48조)

(1) 장기요양사업의 관리운영기관은 국민건강보험공단으로 한다.

(2) 관리운영기관인 공단의 업무
　① 장기요양보험가입자 및 그 피부양자와 의료급여수급권자의 자격관리
　② 장기요양보험료의 부과·징수 / ③ 신청인에 대한 조사
　④ 등급판정위원회의 운영 및 장기요양등급 판정
　⑤ 장기요양인정서의 작성 및 개인별장기요양이용계획서의 제공
　⑥ 장기요양급여의 관리 및 평가
　⑦ 수급자 및 그 가족에 대한 정보제공·안내·상담 등 장기요양급여 관련 이용지원에
　　관한 사항 / ⑧ 재가 및 시설 급여비용의 심사 및 지급과 특별현금급여의 지급
　⑨ 장기요양급여 제공내용 확인 / ⑩ 장기요양사업에 관한 조사·연구 및 홍보
　⑪ 노인성질환예방사업 / ⑫ 이 법에 따른 부당이득금의 부과·징수 등
　⑬ 장기요양급여의 제공기준을 개발하고 장기요양급여비용의 적정성을 검토하기 위한
　　장기요양기관의 설치 및 운영
　⑭ 그 밖에 장기요양사업과 관련하여 보건복지부장관이 위탁한 업무

(3) 공단은 장기요양기관을 설치할 때 노인인구 및 지역특성 등을 고려한 지역 간 불균형
해소를 고려하여야 하고, 설치 목적에 필요한 최소한의 범위에서 이를 설치·운영하여
야 한다.

(4) 장기요양사업에 관련한 국민건강보험공단 정관의 포함·기재사항
　① 장기요양보험료 / ② 장기요양급여 / ③ 장기요양사업에 관한 예산 및 결산 / ④ 그
　밖에 대통령령으로 정하는 사항

★ 국민건강보험공단 정관의 기재
사항(「노인장기요양보험법 시행령」
제19조)
장기요양사업을 전담하는 상임이사
의 수, 장기요양사업과 관련된 조
직·인사·보수·회계에 관한 사항

2 장기요양사업의 조직(제49조)

(1) 공단의 조직 등에 관한 규정을 정할 때에는 장기요양사업을 수행하기 위하여 두는 조직
등을 건강보험사업을 수행하는 조직 등과 구분하여 따로 두어야 한다.

(2) 단, 자격관리와 보험료 부과·징수 업무는 그러하지 아니하다.

3 장기요양사업의 회계(제50조)

(1) 공단은 장기요양사업에 대하여 독립회계를 설치·운영하여야 한다.

(2) 공단은 장기요양사업 중 장기요양보험료를 재원으로 하는 사업과 국가·지방자치단체의
부담금을 재원으로 하는 사업의 재정을 구분하여 운영하여야 한다.

(3) 다만, 관리운영에 필요한 재정은 구분하여 운영하지 아니할 수 있다.

4 준용(제51조)

「국민건강보험법」 제32조 및 제38조는 이 법에 따른 이사장의 권한의 위임 및 준비금에 관하여
준용한다. 이 경우 "보험급여"는 "장기요양급여"로 본다.

5 등급판정위원회의 설치(제52조)

(1) 장기요양인정 및 장기요양등급 판정 등을 심의하기 위하여 공단에 장기요양등급판정위원회를 둔다.

(2) 등급판정위원회는 특별자치시·특별자치도·시·군·구 단위로 설치한다. 다만, 인구수 등을 고려하여 하나의 특별자치시·특별자치도·시·군·구에 2 이상의 등급판정위원회를 설치하거나 2 이상의 특별자치시·특별자치도·시·군·구를 통합하여 하나의 등급판정위원회를 설치할 수 있다.

(3) 등급판정위원회는 위원장 1인을 포함하여 15인의 위원으로 구성한다.

(4) 등급판정위원회의 위원

① 등급판정위원회의 위원은 다음의 자 중에서 공단 이사장이 위촉한다.

ⓐ 「의료법」에 따른 의료인 / ⓑ 「사회복지사업법」에 따른 사회복지사

ⓒ 특별자치시·특별자치도·시·군·구 소속 공무원

ⓓ 그 밖에 법학 또는 장기요양에 관한 학식과 경험이 풍부한 자

② 등급판정위원회의 위원에는 특별자치시장·특별자치도지사·시장·군수·구청장이 추천한 위원은 7인, 의사 또는 한의사가 1인 이상 각각 포함되어야 한다.

③ 등급판정위원회 위원의 임기는 3년으로 하되, 한 차례만 연임할 수 있다. 다만, 공무원인 위원의 임기는 재임기간으로 한다.

6 등급판정위원회의 운영(제53조)

(1) 위원장의 위촉

① 등급판정위원회의 위원장은 위원 중에서 특별자치시장·특별자치도지사·시장·군수·구청장이 위촉한다.

② 2 이상의 특별자치시·특별자치도·시·군·구를 통합하여 하나의 등급판정위원회를 설치하는 때 해당 특별자치시장·특별자치도지사·시장·군수·구청장이 공동으로 위촉한다.

(2) 등급판정위원회 회의는 구성원 과반수의 출석으로 개의하고 출석위원 과반수의 찬성으로 의결한다.

(3) 그 외에 등급판정위원회의 구성·운영, 그 밖에 필요한 사항은 대통령령으로 정한다.

7 장기요양급여의 관리·평가(제54조)

(1) 공단은 장기요양기관이 제공하는 장기요양급여 내용을 지속적으로 관리·평가하여 장기요양급여의 수준이 향상되도록 노력하여야 한다.

(2) 공단은 장기요양기관이 장기요양급여의 제공 기준·절차·방법 등에 따라 적정하게 장기요양급여를 제공하였는지 평가를 실시하고 그 결과를 공단의 홈페이지 등에 공표하는 등 필요한 조치를 할 수 있다.

(3) 장기요양급여 제공내용의 평가 방법 및 평가 결과의 공표 방법, 그 밖에 필요한 사항은 보건복지부령으로 정한다.

★ **이사장 권한의 위임(「국민건강보험법」제32조)**

이 법에 규정된 이사장의 권한 중 급여의 제한, 보험료의 납입고지 등 대통령령으로 정하는 사항은 정관으로 정하는 바에 따라 분사무소의 장에게 위임할 수 있다.

★ **준비금(「국민건강보험법」제38조)**

① 공단은 회계연도마다 결산상의 잉여금 중에서 그 연도의 보험급여에 든 비용의 100분의 5 이상에 상당하는 금액을 그 연도에 든 비용의 100분의 50에 이를 때까지 준비금으로 적립하여야 한다.

② 제1항에 따른 준비금은 부족한 보험급여 비용에 충당하거나 지출할 현금이 부족할 때 외에는 사용할 수 없으며, 현금 지출에 준비금을 사용한 경우에는 해당 회계연도 중에 이를 보전(補塡)하여야 한다.

③ 제1항에 따른 준비금의 관리 및 운영 방법 등에 필요한 사항은 보건복지부장관이 정한다.

노인장기요양보험법

1회 기출예상

2회 기출예상

3회 기출예상

4회 기출예상

5회 기출예상

법령 핵심체크 OX

📖 다음을 읽고 맞는 것은 O, 틀린 것은 X에 표시하시오.

01 국민건강보험공단은 장기요양사업의 관리운영기관이다. (O / X)

02 의료급여수급권자의 자격관리에 관한 업무는 국민건강보험공단의 관장사항이 아니다. (O / X)

03 국민건강보험공단은 장기요양보험료의 부과·징수업무를 관장한다. (O / X)

04 국민건강보험공단은 노인성질환예방사업에 관한 업무를 관장한다. (O / X)

05 「노인장기요양보험법」에 따른 부당이득금의 부과 및 징수에 관한 업무는 국민건강보험공단의 관장사항이 아니다.
(O / X)

06 국민건강보험공단은 장기요양기관을 설치할 때에는 노인인구 및 지역특성 등을 고려한 지역 간 불균형 해소를 고려하여야
한다. (O / X)

07 국민건강보험공단은 장기요양기관을 설치할 때 그 설치목적에 필요한 최소한의 범위에서 이를 설치하고 운영해야 한다.
(O / X)

08 국민건강보험공단 정관에는 장기요양보험료, 장기요양급여, 장기요양사업에 관한 예산 및 결산에 대한 사항을 포함·기재한다.
(O / X)

09 국민건강보험공단은 공단의 조직 등에 관한 규정을 정할 때 장기요양사업과 건강보험사업을 수행하는 조직을 통합하여
운영한다. (O / X)

10 국민건강보험공단은 장기요양사업과 건강보험사업의 자격관리와 보험료 부과·징수업무에 관해서는 이를 구분하여 따로 두어야
한다. (O / X)

11 국민건강보험공단은 장기요양사업에 대한 독립회계를 설치·운영하여야 한다. (O / X)

12 국민건강보험공단은 장기요양사업 중 장기요양보험료를 재원으로 하는 사업과 국가·지방자치단체의 부담금을 재원으로 하는
사업의 재정을 구분하여 운영하여야 한다. (O / X)

13 등급판정위원회는 각 특별자치시 · 특별자치도 · 시 · 군 · 구 단위로 설치한다. (○ / ×)

14 하나의 특별자치시 · 특별자치도 · 시 · 군 · 구에는 둘 이상의 등급판정위원회를 설치할 수 없다. (○ / ×)

15 하나의 등급판정위원회는 둘 이상의 특별자치시 · 특별자치도 · 시 · 군 · 구를 관할할 수 없다. (○ / ×)

16 등급판정위원회의 위원은 위원장 1인을 포함하여 15인의 위원으로 구성한다. (○ / ×)

17 등급판정위원회의 위원에서 특별자치시장 · 특별자치도지사 · 시장 · 군수 · 구청장이 추천한 위원은 7인 이상이 포함되어야 한다. (○ / ×)

18 등급판정위원회의 위원에는 의사 또는 한의사가 1명 이상 포함되어야 한다. (○ / ×)

19 공무원이 아닌 등급판정위원회의 임기는 2년으로 하되, 한 차례만 연임할 수 있다. (○ / ×)

20 등급판정위원회의 위원장은 위원 중에서 국민건강보험공단 이사장이 위촉한다. (○ / ×)

21 등급판정위원회의 회의는 구성원 과반수의 출석으로 개의하고 출석의원 과반수의 찬성으로 의결한다. (○ / ×)

22 국민건강보험공단은 장기요양기관이 장기요양급여의 제공 기준 · 절차 · 방법 등에 따라 적정하게 장기요양급여를 제공하였는지의 평가를 실시하고 그 결과를 국민건강보험공단 홈페이지에 공표할 수 있다. (○ / ×)

정답과 해설 | ✔

01 ○	02 ×	03 ○	04 ○
05 ×	06 ○	07 ○	08 ○
09 ×	10 ×	11 ○	12 ○
13 ○	14 ×	15 ×	16 ○
17 ○	18 ○	19 ×	20 ×
21 ○	22 ○		

법령 확인문제

▶ 정답과 해설 10p

9장 관리운영기관

01 다음 중 장기요양사업의 관리운영기관인 국민건강보험공단의 업무에 해당하는 것을 모두 고르면?

> ㉠ 장기요양보험료의 부과 및 징수
> ㉡ 장기요양보험가입자의 자격관리
> ㉢ 장기요양급여의 관리 및 평가
> ㉣ 개인별장기요양이용계획서의 제공
> ㉤ 재가 및 시설급여비용의 심사 및 지급

① ㉠, ㉡   ② ㉢, ㉣, ㉤
③ ㉠, ㉡, ㉢, ㉤   ④ ㉠, ㉡, ㉢, ㉣, ㉤

02 다음 중 장기요양사업에 관하여 국민건강보험공단 정관에 기재하도록 규정하고 있는 사항에 해당하지 않는 것은?

① 재정운영위원회   ② 장기요양보험료
③ 장기요양급여   ④ 장기요양사업에 관한 예산 및 결산

03 다음은 등급판정위원회의 구성에 관한 내용이다. ㉠ ~ ㉢에 들어갈 말은?

> 등급판정위원회는 위원장 1인을 포함하여 15인의 위원으로 구성하며, 위원은 (㉠   )이 위촉한다. 단 이 중 특별자치시장·특별자치도지사·시장·군수·구청장이 추천한 위원 7인과 (㉡   ) 1인 이상이 각각 포함되어야 한다.
> 등급판정위원회의 위원의 임기는 (㉢   )이며, 한 차례만 연임할 수 있다. 다만 공무원인 위원의 임기는 재임기간으로 한다.

	㉠	㉡	㉢
①	보건복지부장관	사회복지사	3년
②	보건복지부장관	의사 또는 한의사	5년
③	국민건강보험공단 이사장	의사 또는 한의사	3년
④	국민건강보험공단 이사장	사회복지사	5년

04 다음은 장기요양급여의 평가와 그 공개에 관한 내용이다. ㉠, ㉡에 들어갈 말은?

> (㉠   )은 장기요양기관이 장기요양급여의 제공 기준·절차·방법 등에 따라 적정하게 장기요양급여를 제공하였는지 평가를 실시하고 그 결과를 공단의 (㉡   ) 등에 공표할 수 있다.

	㉠	㉡		㉠	㉡
①	국민건강보험공단	홈페이지	②	보건복지부	관보
③	국민건강보험공단	사보	④	보건복지부	홈페이지

05 다음은 장기요양사업의 회계관리에 관한 내용이다. 빈칸에 들어갈 말은?

> 국민건강보험공단은 장기요양사업 중 장기요양보험료를 재원으로 하는 사업과 국가 · 지방자치단
> 체의 부담금을 재원으로 하는 사업의 재정을 구분하여 운영하여야 한다. 다만, (   )에 필요한
> 재정은 구분하여 운영하지 아니할 수 있다

① 등급판정   ② 관리운영

③ 자격관리   ④ 노인성질환예방사업

06 다음은 장기요양기관의 설치기준에 관한 내용이다. ㉠, ㉡에 들어갈 말은?

> 공단은 장기요양기관을 설치할 때 노인인구 및 지역특성 등 (㉠   )를 고려해야 하고, 설치
> 목적에 필요한 (㉡   )의 범위에서 이를 설치 · 운영하여야 한다.

	㉠	㉡		㉠	㉡
①	지역사회의 요구	최소한	②	지역 간 불균형 해소	최소한
③	지역사회의 요구	최대한	④	지역 간 불균형 해소	최대한

07 다음은 「노인장기요양보험법」 제51조에서 준용하고 있는 「국민건강보험법」 제32조의 내용을 노인장기
요양사업에 맞게 수정한 것이다. 빈칸에 들어갈 내용은?

> 국민건강보험공단 이사장의 권한 중 장기요양급여의 제한, 장기요양보험료의 납입고지 등 대통
> 령으로 정하는 사항은 정관으로 정하는 바에 따라 (   )에게 위임할 수 있다.

① 특별시장 · 광역시장 · 도지사 또는 특별자치도지사
② 금융기관
③ 다른 법령에 따른 사회보험 업무를 수행하는 법인
④ 분사무소의 장

심사청구 및 재심사청구

1 심사청구(제55조)

(1) 장기요양인정 · 장기요양등급 · 장기요양급여 · 부당이득 · 장기요양급여비용 또는 장기요양보험료 등에 관한 공단의 처분에 이의가 있는 자는 공단에 심사청구를 할 수 있다.

(2) 심사청구의 기간

① 심사청구는 그 처분이 있음을 안 날부터 90일 이내에 문서(전자문서를 포함한다)로 하여야 한다.

② 심사청구는 그 처분이 있은 날부터 180일을 경과하면 이를 제기하지 못한다.

③ 다만, 정당한 사유로 그 기간에 심사청구를 할 수 없었음을 증명하면 그 기간이 지난 후에도 심사청구를 할 수 있다.

(3) 장기요양심사위원회

① 심사청구 사항을 심사하기 위하여 공단에 장기요양심사위원회를 둔다.

② 심사위원회의 구성 · 운영 및 위원의 임기, 그 밖에 필요한 사항은 대통령령으로 정한다.

> ★ 전자문서(「전자정부법」 제2조)
> "전자문서"란 컴퓨터 등 정보처리 능력을 지닌 장치에 의하여 전자적인 형태로 작성되어 송수신되거나 저장되는 표준화된 정보를 말한다.

2 재심사청구(제56조)

(1) 심사청구에 대한 결정에 불복하는 사람은 그 결정통지를 받은 날부터 90일 이내에 장기요양재심사위원회에 재심사를 청구할 수 있다.

(2) 장기요양재심사위원회

① 재심사위원회는 보건복지부장관 소속으로 두고, 위원장 1인을 포함한 20인 이내의 위원으로 구성한다.

② 재심사위원회의 위원은 관계 공무원, 법학, 그 밖에 장기요양사업 분야의 학식과 경험이 풍부한 자 중에서 보건복지부장관이 임명 또는 위촉한다.

③ 재심사위원회의 위원 구성은 공무원이 아닌 위원이 전체 위원의 과반수가 되도록 하여야 한다.

④ 재심사위원회의 구성 · 운영 및 위원의 임기, 그 밖에 필요한 사항은 대통령령으로 정한다.

3 행정심판과의 관계(제56조의2)

(1) 재심사위원회의 재심사에 관한 절차에 관하여는 「행정심판법」을 준용한다.

(3) 재심사청구 사항에 대한 재심사위원회의 재심사를 거친 경우에는 「행정심판법」에 따른 행정심판을 청구할 수 없다.

> ★ 행정심판과 행정소송
> 행정심판과 행정소송 모두 행정청의 위법 또는 부당한 처분이나 부작위로 인해 침해된 국민의 권리와 이익을 구제하기 위한 심판절차이나, 행정심판은 그 심판기관이 해당 행정청 소속 기관이고 행정소송은 행정법원이라는 점에서 차이를 가지며, 경우에 따라 행정소송은 행정심판에 대한 불복절차의 기능을 수행하기도 한다.

4 행정소송(제57조)

공단의 처분에 이의가 있는 자와 심사청구 또는 재심사청구에 대한 결정에 불복하는 자는 「행정소송법」으로 정하는 바에 따라 행정소송을 제기할 수 있다.

법령 핵심체크 OX

10장 심사청구 및 재심사청구

▤▤ 다음을 읽고 맞는 것은 O, 틀린 것은 X에 표시하시오.

01 장기요양인정 · 장기요양등급 · 장기요양급여 · 부당이득 · 장기요양급여비용 또는 장기요양보험료 등에 관한 공단의 처분에 이의가 있는 자는 공단에 심사청구를 할 수 있다. (O / X)

02 장기요양인정에 대한 심사청구는 그 처분이 있음을 안 날로부터 90일 이내에 문서로 하여야 한다. (O / X)

03 장기요양인정에 대한 심사청구는 처분이 있은 날로부터 90일을 경과하면 이를 제기하지 못한다. (O / X)

04 정당한 사유로 장기요양인정에 대한 심사청구를 기간 내에 할 수 없었음을 증명한다면 기간 경과 후에도 심사청구를 할 수 있다. (O / X)

05 「노인장기요양보험법」상의 심사청구 사항을 심사하기 위해 보건복지부장관 소속으로 장기요양심사위원회를 둔다. (O / X)

06 「노인장기요양보험법」상의 심사청구에 대한 결정에 불복하는 사람은 그 결정통지를 받은 날부터 30일 이내에 재심사를 청구할 수 있다. (O / X)

07 재심사청구에 대한 심사는 보건복지부장관 소속의 장기요양재심사위원회가 관장한다. (O / X)

08 장기요양재심사위원회는 위원장 1인을 포함한 20인 이내의 위원으로 구성한다. (O / X)

09 장기요양재심사위원회의 위원은 관계 공무원, 법학, 그 밖에 장기요양사업 분야의 학식과 경험이 풍부한 자 중에서 보건복지부장관이 임명 또는 위촉한다. (O / X)

10 장기요양재심사위원회의 위원 구성에는 공무원이 아닌 위원이 전체 위원의 과반수가 되도록 하여야 한다. (O / X)

11 장기요양재심사위원회의 재심사에 관한 절차에 관하여는 「행정심판법」을 준용하며, 재심사를 거친 후에는 해당 사건에 대한 행정심판을 청구할 수 있다. (O / X)

정답과 해설 | ✔

01 O	**02** O	**03** X	**04** O
05 X	**06** X	**07** O	**08** O
09 O	**10** O	**11** X	

법령 확인문제

10장 심사청구 및 재심사청구

▶ 정답과 해설 11p

01 다음은 장기요양사업에 관한 국민건강보험공단의 청구에 이의를 제기하는 심사청구의 기간에 대한 내용이다. ㉠, ㉡에 들어갈 숫자는?

> 심사청구는 그 처분이 있음을 안 날로부터 (㉠) 이내에 제기해야 하며, 처분이 있은 날부터 (㉡)을 경과하면 이를 제기하지 못한다. 다만, 정당한 사유로 그 기간에 심사청구를 할 수 없었음을 증명하면 그 기간이 지난 후에도 심사청구를 할 수 있다.

	㉠	㉡			㉠	㉡
①	90일	180일		②	180일	180일
③	90일	270일		④	180일	270일

02 다음 중 장기요양심사위원회와 장기요양재심사위원회의 소속을 순서대로 연결한 것은?

① 국민건강보험공단, 중앙행정심판위원회

② 국민건강보험공단, 보건복지부장관

③ 보건복지부장관, 중앙행정심판위원회

④ 보건복지부장관, 보건복지부장관

03 장기요양재심사위원회의 재심사에 관한 절차사항을 준용하고 있는 법률은?

① 「행정조사기본법」

② 「행정절차법」

③ 「행정심판법」

④ 「행정소송법」

04 다음 중 심사청구에 대한 결정에 불복하여 제기하는 재심사청구의 제기기간은 결정통지를 받은 날로부터 며칠인가?

① 90일 이내   ② 60일 이내

③ 30일 이내   ④ 15일 이내

05 다음 중 노인장기요양사업에 관한 공단의 처분에 관해 행정소송을 제기할 수 있는 경우를 모두 고르면?

㉠ 공단의 처분에 이의가 있는 사람 ㉡ 심사청구에 대한 위원회의 결정에 불복하는 사람 ㉢ 재심사청구에 대한 위원회의 결정에 불복하는 사람

① ㉠   ② ㉢

③ ㉠, ㉢   ④ ㉠, ㉡, ㉢

보칙

1 국가의 부담(제58조)

(1) 국가는 매년 예산의 범위 안에서 해당 연도 장기요양보험료 예상수입액의 100분의 20에 상당하는 금액을 공단에 지원한다.

(2) 국가와 지방자치단체는 의료급여수급권자의 장기요양급여비용, 의사소견서 발급비용, 방문간호지시서 발급비용 중 공단이 부담하여야 할 비용(면제 및 감경됨으로 인하여 공단이 부담하게 되는 비용 포함) 및 관리운영비의 전액을 부담한다.

(3) 지방자치단체가 부담하는 금액은 보건복지부령으로 정하는 바에 따라 특별시·광역시·특별자치시·도·특별자치도와 시·군·구가 분담한다.

(4) 지방자치단체의 부담액 부과, 징수 및 재원관리, 그 밖에 필요한 사항은 대통령령으로 정한다.

2 전자문서의 사용(제59조)

(1) 장기요양사업에 관련된 각종 서류의 기록, 관리 및 보관은 보건복지부령으로 정하는 바에 따라 전자문서로 한다.

(2) 공단 및 장기요양기관은 장기요양기관의 지정신청, 재가·시설 급여비용의 청구 및 지급, 장기요양기관의 재무·회계정보 처리 등에 대하여 전산매체 또는 전자문서교환방식을 이용하여야 한다.

(3) 정보통신망 및 정보통신서비스 시설이 열악한 지역 등 보건복지부장관이 정하는 지역의 경우 전자문서·전산매체 또는 전자문서교환방식을 이용하지 아니할 수 있다.

3 자료의 제출(제60조)

(1) 공단은 장기요양급여 제공내용 확인, 장기요양급여의 관리·평가 및 장기요양보험료 산정 등 장기요양사업 수행에 필요하다고 인정할 때 다음의 어느 하나에 해당하는 자에게 자료의 제출을 요구할 수 있다.
　　① 장기요양보험가입자 또는 그 피부양자 및 의료급여수급권자
　　② 수급자 및 장기요양기관

(2) 자료의 제출을 요구받은 자는 성실히 이에 응하여야 한다.

4 보고 및 검사(제61조)

(1) 주체
　　보건복지부장관, 특별시장·광역시장·도지사 또는 특별자치시장·특별자치도지사·시장·군수·구청장

(2) 내용

보고 또는 자료의 제출을 명하거나, 소속 공무원으로 하여금 관계인에게 질문을 하게 하거나 관계서류를 검사하게 할 수 있다.

(3) 대상 및 내용

① 장기요양보험가입자, 피부양자, 의료급여수급권자 : 보수·소득이나 그 밖에 보건복지부령으로 정하는 사항

② 장기요양기관, 장기요양급여를 받은 자 : 장기요양급여의 제공 명세, 재무·회계에 관한 사항 등 장기요양급여에 관련된 자료

(4) 행정응원(行政應援)

① 보건복지부장관, 특별시장·광역시장·도지사 또는 특별자치시장·특별자치도지사·시장·군수·구청장은 보고 또는 자료제출 명령이나 질문 또는 검사 업무를 효율적으로 수행하기 위하여 필요한 경우에는 공단에 행정응원을 요청할 수 있다.

② 공단은 특별한 사유가 없으면 이에 따라야 한다.

(5) 절차사항

① 관계인에게 질문을 하거나 관계 서류를 검사하는 소속 공무원은 그 권한을 표시하는 증표 및 조사기간, 조사범위, 조사담당자, 관계 법령 등 보건복지부령으로 정하는 사항이 기재된 서류를 지니고 이를 관계인에게 내보여야 한다.

② 질문 또는 검사의 절차·방법 등에 관하여는 이 법에서 정하는 사항을 제외하고는 「행정조사기본법」에서 정하는 바에 따른다.

③ 행정응원의 절차·방법 등에 관하여 필요한 사항은 대통령령으로 정한다.

> ★ 행정응원(「행정절차법」 제8조)
> 행정관청이 법령 등이나 인원·장비의 부족 등의 사실상의 이유로 독자적인 직무수행이 어려운 경우, 혹은 다른 행정청에 소속되어 있는 전문기관의 협조가 필요하거나 행정자료가 필요한 경우 그 다른 행정관청에 협력을 요구하는 것

5 비밀누설금지(제62조)

특별자치시·특별자치도·시·군·구, 공단, 등급판정위원회 및 장기요양기관에 종사하고 있거나 종사한 자, 가족요양비·특례요양비 및 요양병원간병비와 관련된 급여를 제공한 자는 업무수행 중 알게 된 비밀을 누설하여서는 아니 된다.

6 유사명칭의 사용금지(제62조의2)

「노인장기요양보험법」에 따른 장기요양보험 사업을 수행하는 자가 아닌 자는 보험계약 또는 보험계약의 명칭에 노인장기요양보험 또는 이와 유사한 용어를 사용하지 못한다.

7 청문(제63조)

(1) 주체 : 특별자치시장·특별자치도지사·시장·군수·구청장

(2) 다음의 어느 하나에 해당하는 처분 또는 공표를 하려는 경우에는 청문을 하여야 한다.

① 제37조 제1항에 따른 장기요양기관 지정취소 또는 업무정지명령

② 제37조의3에 따른 위반사실 등의 공표

③ 제37조의5 제1항에 따른 장기요양급여 제공의 제한 처분

8 시효 등에 관한 준용(제64조)

(1) 「국민건강보험법」 제91조, 제92조, 제96조, 제103조, 제104조, 제107조, 제111조 및 제112조는 시효, 기간의 계산, 자료의 제공, 공단 등에 대한 감독, 권한의 위임 및 위탁, 업무의 위탁, 단수처리 등에 관하여 준용한다.

＋ 더 알아보기

「국민건강보험법」 제91조(시효) ① 다음 각 호의 권리는 3년 동안 행사하지 아니하면 소멸시효가 완성된다.

　1. 보험료, 연체금 및 가산금을 징수할 권리 / 2. 보험료, 연체금 및 가산금으로 과오납부한 금액을 환급받을 권리 / 3. 보험급여를 받을 권리 / 4. 보험급여 비용을 받을 권리 / 5. 제47조 제3항 후단에 따라 과다납부된 본인일부부담금을 돌려받을 권리 / 6. 제61조에 따른 근로복지공단의 권리

② 제1항에 따른 시효는 다음 각 호의 어느 하나의 사유로 중단된다.

　1. 보험료의 고지 또는 독촉 / 2. 보험급여 또는 보험급여 비용의 청구

③ 휴직등의 보수월액보험료를 징수할 권리의 소멸시효는 제79조 제5항에 따라 고지가 유예된 경우 휴직 등의 사유가 끝날 때까지 진행하지 아니한다.

④ 제1항에 따른 소멸시효기간, 제2항에 따른 시효 중단 및 제3항에 따른 시효 정지에 관하여 이 법에서 정한 사항 외에는 「민법」에 따른다.

제92조(기간 계산) 이 법이나 이 법에 따른 명령에 규정된 기간의 계산에 관하여 이 법에서 정한 사항 외에는 「민법」의 기간에 관한 규정을 준용한다.

제96조(자료의 제공) ① 공단은 국가, 지방자치단체, 요양기관, 「보험업법」에 따른 보험회사 및 보험료율 산출 기관, 「공공기관의 운영에 관한 법률」에 따른 공공기관, 그 밖의 공공단체 등에 대하여 다음 각 호의 업무를 수행하기 위하여 주민등록 · 가족관계등록 · 국세 · 지방세 · 토지 · 건물 · 출입국관리 등의 자료로서 대통령령으로 정하는 자료를 제공하도록 요청할 수 있다.

　1. 가입자 및 피부양자의 자격 관리, 보험료의 부과 · 징수, 보험급여의 관리 등 건강보험사업의 수행

　2. 제14조 제1항 제11호에 따른 업무의 수행

② 심사평가원은 국가, 지방자치단체, 요양기관, 「보험업법」에 따른 보험회사 및 보험료율 산출 기관, 「공공기관의 운영에 관한 법률」에 따른 공공기관, 그 밖의 공공단체 등에 대하여 요양급여비용을 심사하고 요양급여의 적정성을 평가하기 위하여 주민등록 · 출입국관리 · 진료기록 · 의약품공급 등의 자료로서 대통령령으로 정하는 자료를 제공하도록 요청할 수 있다.

③ 보건복지부장관은 관계 행정기관의 장에게 제41조의2에 따른 약제에 대한 요양급여비용 상한금액의 감액 및 요양급여의 적용 정지를 위하여 필요한 자료를 제공하도록 요청할 수 있다.

④ 제1항부터 제3항까지의 규정에 따라 자료 제공을 요청받은 자는 성실히 이에 따라야 한다.

⑤ 공단 또는 심사평가원은 요양기관, 「보험업법」에 따른 보험회사 및 보험료율 산출 기관에 제1항 또는 제2항에 따른 자료의 제공을 요청하는 경우 자료 제공 요청 근거 및 사유, 자료 제공 대상자, 대상기간, 자료 제공 기한, 제출 자료 등이 기재된 자료 제공 요청서를 발송하여야 한다.

제103조(공단 등에 대한 감독 등) ① 보건복지부장관은 공단과 심사평가원의 경영목표를 달성하기 위하여 다음 각 호의 사업이나 업무에 대하여 보고를 명하거나 그 사업이나 업무 또는 재산상황을 검사하는 등 감독을 할 수 있다.

    1. 제14조 제1항 제1호부터 제13호까지의 규정에 따른 공단의 업무 및 제63조 제1항 제1호부터 제7호까지의 규정에 따른 심사평가원의 업무

    2. 「공공기관의 운영에 관한 법률」 제50조에 따른 경영지침의 이행과 관련된 사업

    3. 이 법 또는 다른 법령에서 공단과 심사평가원이 위탁받은 업무

    4. 그 밖에 관계 법령에서 정하는 사항과 관련된 사업

② 보건복지부장관은 제1항에 따른 감독상 필요한 경우에는 정관이나 규정의 변경 또는 그 밖에 필요한 처분을 명할 수 있다.

제104조(포상금 등의 지급) ① 공단은 속임수나 그 밖의 부당한 방법으로 보험급여를 받은 사람이나 보험급여 비용을 지급받은 요양기관을 신고한 사람에 대하여 포상금을 지급할 수 있다.

② 공단은 건강보험 재정을 효율적으로 운영하는 데에 이바지한 요양기관에 대하여 장려금을 지급할 수 있다.

③ 제1항 및 제2항에 따른 포상금 및 장려금의 지급 기준과 범위, 절차 및 방법 등에 필요한 사항은 대통령령으로 정한다.

제107조(끝수 처리) 보험료등과 보험급여에 관한 비용을 계산할 때 「국고금관리법」 제47조에 따른 끝수는 계산하지 아니한다.

제111조(권한의 위임 및 위탁) ① 이 법에 따른 보건복지부장관의 권한은 대통령령으로 정하는 바에 따라 그 일부를 특별시장·광역시장·도지사 또는 특별자치도지사에게 위임할 수 있다.

② 제97조 제2항에 따른 보건복지부장관의 권한은 대통령령으로 정하는 바에 따라 공단이나 심사평가원에 위탁할 수 있다.

제112조(업무의 위탁) ① 공단은 대통령령으로 정하는 바에 따라 다음 각 호의 업무를 체신관서, 금융기관 또는 그 밖의 자에게 위탁할 수 있다.

    1. 보험료의 수납 또는 보험료납부의 확인에 관한 업무

    2. 보험급여비용의 지급에 관한 업무

    3. 징수위탁근거법의 위탁에 따라 징수하는 연금보험료, 고용보험료, 산업재해보상보험료, 부담금 및 분담금 등(이하 "징수위탁보험료등"이라 한다)의 수납 또는 그 납부의 확인에 관한 업무

② 공단은 그 업무의 일부를 국가기관, 지방자치단체 또는 다른 법령에 따른 사회보험 업무를 수행하는 법인이나 그 밖의 자에게 위탁할 수 있다. 다만, 보험료와 징수위탁보험료등의 징수 업무는 그러하지 아니하다.

③ 제2항에 따라 공단이 위탁할 수 있는 업무 및 위탁받을 수 있는 자의 범위는 보건복지부령으로 정한다.

(2) 이 경우 "보험료"를 "장기요양보험료"로, "보험급여"를 "장기요양급여"로, "요양기관"을 "장기요양기관"으로, "건강보험사업"을 "장기요양사업"으로 본다.

9 소득 등의 의제금지(제65조)

이 법에 따른 장기요양급여로 지급된 현금 등은「국민기초생활 보장법」제2조 제9호의 소득 또는 재산으로 보지 아니한다.

> **+ 더 알아보기**
>
> 「국민기초생활보장법」제2조(정의) 이 법에서 사용하는 용어의 뜻은 다음과 같다.
>   9. "소득인정액"이란 보장기관이 급여의 결정 및 실시 등에 사용하기 위하여 산출한 개별 가구의 소득평가액과 재산의 소득환산액을 합산한 금액을 말한다.

10 수급권의 보호(제66조)

(1) 장기요양급여를 받을 권리는 양도 또는 압류하거나 담보로 제공할 수 없다.

(2) 제27조의2 제1항에 따른 특별현금급여수급계좌의 예금에 관한 채권은 압류할 수 없다.

> **+ 더 알아보기**
>
> 「노인장기요양보험법」제27조의2(특별현금급여수급계좌) ① 공단은 특별현금급여를 받는 수급자의 신청이 있는 경우에는 특별현금급여를 수급자 명의의 지정된 계좌(이하 "특별현 금급여수급계좌"라 한다)로 입금하여야 한다. 다만, 정보통신 장애나 그 밖에 대통령령으로 정하는 불가피한 사유로 특별현금급여수급계좌로 이체할 수 없을 때에는 현금 지급 등 대통령령으로 정하는 바에 따라 특별현금급여를 지급할 수 있다.

11 공무원 의제(제66조의2)

등급판정위원회, 장기요양위원회, 공표심의위원회, 심사위원회 및 재심사위원회 위원 중 공무원이 아닌 사람은「형법」제127조(공무상 비밀의 누설) 및 제129조부터 제132조까지(수뢰죄)의 규정을 적용할 때에는 공무원으로 본다.

> **+ 더 알아보기**
>
> 「형법」제127조 (공무상 비밀의 누설) 공무원 또는 공무원이었던 자가 법령에 의한 직무상 비밀을 누설한 때에는 2년 이하의 징역이나 금고 또는 5년 이하의 자격정지에 처한다.

노인장기요양보험법

1회 기출예상

2회 기출예상

3회 기출예상

4회 기출예상

5회 기출예상

+ 더 알아보기

「형법」 제129조 (수뢰, 사전수뢰) ① 공무원 또는 중재인이 그 직무에 관하여 뇌물을 수수, 요구 또는 약속한 때에는 5년 이하의 징역 또는 10년 이하의 자격정지에 처한다.

② 공무원 또는 중재인이 될 자가 그 담당할 직무에 관하여 청탁을 받고 뇌물을 수수, 요구 또는 약속한 후 공무원 또는 중재인이 된 때에는 3년 이하의 징역 또는 7년 이하의 자격정지에 처한다.

제130조(제삼자뇌물제공) 공무원 또는 중재인이 그 직무에 관하여 부정한 청탁을 받고 제3자에게 뇌물을 공여하게 하거나 공여를 요구 또는 약속한 때에는 5년 이하의 징역 또는 10년 이하의 자격정지에 처한다.

제131조(수뢰후부정처사, 사후수뢰) ① 공무원 또는 중재인이 전2조의 죄를 범하여 부정한 행위를 한 때에는 1년 이상의 유기징역에 처한다.

② 공무원 또는 중재인이 그 직무상 부정한 행위를 한 후 뇌물을 수수, 요구 또는 약속하거나 제삼자에게 이를 공여하게 하거나 공여를 요구 또는 약속한 때에도 전항의 형과 같다.

③ 공무원 또는 중재인이었던 자가 그 재직 중에 청탁을 받고 직무상 부정한 행위를 한 후 뇌물을 수수, 요구 또는 약속한 때에는 5년 이하의 징역 또는 10년 이하의 자격정지에 처한다.

④ 전3항의 경우에는 10년 이하의 자격정지를 병과할 수 있다.

제132조(알선수뢰) 공무원이 그 지위를 이용하여 다른 공무원의 직무에 속한 사항의 알선에 관하여 뇌물을 수수, 요구 또는 약속한 때에는 3년 이하의 징역 또는 7년 이하의 자격정지에 처한다.

12 소액 처리(제66조의3)

(1) 공단은 징수 또는 반환하여야 할 금액이 1건당 1,000원 미만인 경우(상계할 수 있는 지급금 및 장기요양보험료등은 제외한다)에는 징수 또는 반환하지 아니한다.

(2) 다만, 「국민건강보험법」 제106조에 따른 소액 처리 대상에서 제외되는 건강보험료와 통합하여 징수 또는 반환되는 장기요양보험료의 경우에는 그러하지 아니하다.

+ 더 알아보기

「국민건강보험법」 제106조(소액 처리) 공단은 징수하여야 할 금액이나 반환하여야 할 금액이 1건당 2천 원 미만인 경우(제47조 제4항, 제57조 제5항 후단 및 제101조 제4항 후단에 따라 각각 상계 처리할 수 있는 본인일부부담금 환급금 및 가입자나 피부양자에게 지급하여야 하는 금액은 제외한다)에는 징수 또는 반환하지 아니한다.

법령 핵심체크 OX

📖 다음을 읽고 맞는 것은 O, 틀린 것은 X에 표시하시오.

01 국가는 매년 예산의 범위 내에서 해당 연도 장기요양보험료 예상수입액의 100분의 20에 상당하는 금액을 국민건강보험공단에 지원한다. (O / X)

02 국가와 지방자치단체는 노인장기요양보험 가입자의 요양급여비용, 의사소견서 발급비용, 방문간호지시서 발급비용 중 공단이 부담하여야 할 비용 및 관리운영비의 전액을 부담한다. (O / X)

03 지방자치단체가 국민건강보험공단에 지원하는 금액은 보건복지부령에 따라 특별시 · 광역시 · 특별자치시 · 도 · 특별자치도와 시 · 군 · 구가 분담한다. (O / X)

04 장기요양사업에 관련된 각종 서류와 기록, 관리 및 보관은 전자문서로 한다. (O / X)

05 장기요양기관의 지정신청, 재가 · 시설 급여비용의 청구 및 지급, 장기요양기관의 재무 · 회계정보 처리 등에 대하여 전산매체 또는 전자문서교환방식을 이용하여야 한다. (O / X)

06 정보통신망 및 정보통신서비스 시설이 열악한 지역에서는 전자문서 · 전산매체 이외의 방식으로 장기요양기관에 관한 서류업무를 수행할 수 있다. (O / X)

07 국민건강보험공단은 장기요양사업의 수행에 필요하다고 인정될 때 장기요양기관에게 자료의 제출을 요구할 수 있다. (O / X)

08 특별시장 · 광역시장 · 도지사는 장기요양보험가입자에게 보수 · 소득에 관한 사항에 대해 자료의 제출을 명할 수 없다. (O / X)

09 특별시장 · 광역시장 · 도지사는 장기요양기관에 대해 장기요양기관에 관련된 자료의 제출을 명할 수 없다. (O / X)

10 보건복지부장관, 특별시장 · 광역시장 · 도지사 또는 특별자치시장 · 특별자치도지사 · 시장 · 군수 · 구청장은 보고 또는 자료제출 명령이나 질문 또는 검사 업무에 관해 국민건강보험공단에 행정응원을 요청할 수 있다. (O / X)

11 보건복지부장관이 장기요양기관을 대상으로 소속 공무원으로 하여금 관계 서류를 검사할 때의 절차는 「노인장기요양보험법」에서 정하는 사항을 제외하고는 「행정조사기본법」을 따른다. (O / X)

12 특별자치시 · 특별자치도 · 시 · 군 · 구, 국민건강보험공단, 등급판정위원회 및 장기요양기관에 종사하고 있거나 종사한 자는 업무수행 중 알게 된 비밀을 누설해서는 안 된다. (O / X)

13 가족요양비 · 특례요양비 및 요양병원간병비와 관련된 급여를 제공한 자는 업무수행 중 알게 된 비밀을 누설하여서는 안 된다. (O / X)

14 장기요양사업을 수행하는 자가 아닌 자는 보험계약 또는 그 명칭에 '노인장기요양보험' 또는 이와 유사한 명칭을 사용하지 못한다. (○ / ×)

15 특별자치시장·특별자치도지사·시장·군수·구청장은 장기요양기관의 지정취소를 하려는 경우에는 청문을 하여야 하나, 업무정지명령에 대해서는 그러하지 아니한다. (○ / ×)

16 장기요양기관이 거짓으로 재가·시설급여를 청구한 이유로 그 위반사실의 공표대상이 된 경우에는 공표 전에 청문을 하여야 한다. (○ / ×)

17 장기요양기관이 거짓으로 재가·시설급여를 청구한 행위에 가담한 해당 종사자에 대한 장기요양급여 제공의 제한 처분은 청문 대상에 포함되지 않는다. (○ / ×)

18 「노인장기요양보험법」에 따라 장기요양급여로 지급된 현금 등은 「국민기초생활보장법」의 소득 및 재산에 포함된다. (○ / ×)

19 장기요양급여를 받을 권리는 양도 또는 압류하거나 담보로 제공할 수 없다. (○ / ×)

20 특별현금급여수급계좌의 예금에 관한 채권은 압류할 수 없다. (○ / ×)

21 등급판정위원회, 장기요양위원회, 공표심의위원회, 심사위원회 및 재심사위원의 위원 중 공무원이 아닌 사람은 「형법」 제127조(공무상 비밀의 누설)의 규정을 적용받지 않는다. (○ / ×)

22 등급판정위원회, 장기요양위원회, 공표심의위원회, 심사위원회 및 재심사위원의 위원 중 공무원이 아닌 사람은 제129조부터 제132조까지(수뢰죄 관련 규정)의 규정을 적용할 때에는 공무원으로 본다. (○ / ×)

23 국민건강보험공단은 징수 및 반환 금액이 1건당 1,000원 미만인 경우에는 징수 또는 반환하지 않는다. (○ / ×)

24 「국민건강보험법」에서 소액처리대상에서 제외되는 건강보험료와 통합하여 징수 또는 반환되는 장기요양보험료는 1건당 1,000원 미만인 경우에도 징수 또는 반환해야 한다. (○ / ×)

25 수급자의 납부금 및 징수금과 상계되는 지급금 및 장기요양보험료가 1건당 1,000원 미만인 경우에는 이를 계산하지 않는다. (○ / ×)

정답과 해설 | ✔

01 O	02 X	03 O	04 O
05 O	06 O	07 O	08 X
09 X	10 O	11 O	12 O
13 O	14 O	15 X	16 O
17 X	18 X	19 O	20 O
21 X	22 O	23 O	24 O
25 X			

법령 확인문제

11장 보칙

▶ 정답과 해설 12p

01 장기요양보험사업에 대한 국가가 공단에 지원하는 금액의 기준은 해당 연도 장기요양보험료 예상 수입액의 얼마인가?

① 100분의 5　　　　② 100분의 10　　　　③ 100분의 14　　　　④ 100분의 20

02 다음 중 공단이 부담하여야 될 의료급여수급권자의 비용에 대해 국가와 지방자치단체가 전액 부담하는 사항이 아닌 것은?

① 장기요양급여비용　　　　　　　　　② 의사소견서 발급비용
③ 장기요양등급판정 신청 수수료　　　④ 방문간호지시서 발급비용

03 다음 중 장기요양기관이 전산매체 또는 전자문서교환방식을 이용해서 처리해야 하는 업무에 해당하는 것을 모두 고르면?

㉠ 장기요양기관의 지정신청	㉡ 시설급여비용의 지급
㉢ 재가급여비용의 청구	㉣ 장기요양기관의 재무 · 회계처리

① ㉠, ㉣　　　　② ㉡, ㉢　　　　③ ㉠, ㉢, ㉣　　　　④ ㉠, ㉡, ㉢, ㉣

04 다음 빈칸에 들어갈 내용은?

　　보건복지부장관, 특별시장 · 광역시장 · 도지사 또는 특별자치시장 · 특별자치도지사 · 시장 · 군수 · 구청장은 보고 또는 자료제출 명령이나 질문 또는 검사 업무를 효율적으로 수행하기 위하여 필요한 경우에는 공단에 (　　　　　)을 요청할 수 있고, 공단은 특별한 사유가 없으면 이에 따라야 한다.

① 행정조사　　　　② 행정응원　　　　③ 행정집행　　　　④ 행정보조

05 다음 중 특별자치시장 · 특별자치도지사 · 시장 · 군수 · 구청장의 청문 대상에 해당하는 처분이 아닌 것은?

① 장기요양등급의 조정   ② 장기요양기관의 지정취소

③ 위반사실의 공표   ④ 장기요양급여 제공의 제한 처분

06 다음 중 공무원이 아니나 공무원 의제 규정에 따라 공무상 비밀누설죄의 적용 대상에 포함되지 않는 사람은?

① 공표심의위원회의 위원   ② 장기요양심사평가위원회의 위원

③ 장기요양위원회의 위원   ④ 국민건강보험공단의 직원

07 다음은 「노인장기요양보험법」의 소액처리 규정이다. 다음 빈칸에 들어갈 소액처리 기준 금액은?

> 국민건강보험공단은 징수 또는 반환하여야 할 금액이 1건당 (   ) 미만인 경우에는 징수 또는 반환하지 않는다. 다만 「국민건강보험법」 제106조에 따라 소액처리대상에서 제외되는 건강보험료와 통합하여 징수 또는 반환되는 장기요양보험료의 경우에는 그러하지 아니하다.

① 10원   ② 500원   ③ 1,000원   ④ 2,000원

08 다음 중 보건복지부장관, 특별시장 · 광역시장 · 도지사 또는 특별자치시장 · 특별자치도지사 · 시장 · 군수 · 구청장이 자료의 제출을 명할 수 있는 대상을 모두 고르면?

> ㉠ 장기요양기관   ㉡ 보험자
> ㉢ 장기요양급여를 받은 자   ㉣ 의료급여수급권자

① ㉠   ② ㉡, ㉢, ㉣   ③ ㉠, ㉢, ㉣   ④ ㉠, ㉡, ㉢, ㉣

벌칙

1 벌칙(제67조)

(1) 3년 이하의 징역 또는 3천만 원 이하의 벌금

거짓이나 그 밖의 부정한 방법으로 장기요양급여비용을 청구한 자는 3년 이하의 징역 또는 3천만 원 이하의 벌금에 처한다.

(2) 2년 이하의 징역 또는 2천만 원 이하의 벌금

① 장기요양기관의 지정을 받지 않고 장기요양기관을 운영하거나 거짓이나 그 밖의 부정한 방법으로 지정받은 자(제31조 위반)

② 영리를 목적으로 수급자의 본인부담금은 면제 또는 감경하는 행위를 한 자(제35조 제5항 위반)

③ 영리를 목적으로 금전, 물품, 노무, 향응, 그 밖의 이익을 제공하거나 제공할 것을 약속하는 방법으로 수급자를 장기요양기관에 소개, 알선 또는 유인하는 행위를 하거나 이를 조장한 자(제35조 제6항 위반)

④ 제62조에 해당하는 자가 업무수행 중 알게 된 비밀을 누설한 경우

> **➕ 더 알아보기**
>
> 제62조(비밀누설금지) 다음 각 호에 해당하는 자는 업무수행 중 알게 된 비밀을 누설하여서는 아니 된다.
> 1. 특별자치시·특별자치도·시·군·구, 공단, 등급판정위원회 및 장기요양기관에 종사하고 있거나 종사한 자
> 2. 제24조부터 제26조까지의 규정에 따른 가족요양비·특례요양비 및 요양병원간병비와 관련된 급여를 제공한 자

(3) 1년 이하의 징역 또는 1천만 원 이하의 벌금

① 정당한 사유 없이 장기요양급여의 제공을 거부한 자(제35조 제1항 위반)

② 거짓이나 그 밖의 부정한 방법으로 장기요양급여를 받거나 다른 사람으로 하여금 장기요양급여를 받게 한 자

③ 정당한 사유 없이 장기요양기관의 폐업 등에 따른 수급자의 권익보호조치를 하지 아니한 사람(제36조 제3항 위반)

④ 장기요양기관의 지정취소 또는 업무정지에 따라 수급자가 부담한 비용의 정산을 하지 아니한 자(제37조 제3항 위반)

(4) 1천만 원 이하의 벌금

자료제출 명령에 따르지 아니하거나 거짓으로 자료제출을 한 장기요양기관이나 질문 또는 검사를 거부·방해 또는 기피하거나 거짓으로 답변한 장기요양기관은 1천만 원 이하의 벌금에 처한다.

★ **2021. 6. 30. 시행 개정법**
장기요양기관에서 부정하게 급여비용을 청구한 경우 행정처분 이외의 처벌조항이 없어 부정 청구 제재에 한계가 있다는 의견에 따라 장기요양기관 급여비용 부정 청구 시 벌칙규정을 신설하였다.

www.gosinet.co.kr gosinet

노인장기요양보험법

1회 기출예상

2회 기출예상

3회 기출예상

4회 기출예상

5회 기출예상

2 양벌규정(제68조)

(1) 법인의 대표자, 법인이나 개인의 대리인·사용인 및 그 밖의 종사자가 그 법인 또는 개인의 업무에 관하여 제67조에 해당하는 위반행위를 한 때에는 그 행위자를 벌하는 외에 그 법인 또는 개인에 대하여도 해당 조의 벌금형을 과한다.

(2) 다만, 법인 또는 개인이 그 위반행위를 방지하기 위하여 해당 업무에 관하여 상당한 주의와 감독을 게을리하지 아니한 경우에는 그러하지 아니하다.

3 과태료(제69조)

(1) 정당한 사유 없이 다음의 어느 하나에 해당하는 자는 500만 원 이하의 과태료를 부과한다.
  ① 장기요양기관의 시설·인력등에 대한 변경지정을 받지 아니하거나 변경신고를 하지 아니한 자 또는 거짓이나 그 밖의 부정한 방법으로 변경지정을 받거나 변경신고를 한 자(제33조 위반)
  ② 공단이 운영하는 인터넷 홈페이지에 장기요양기관에 관한 정보를 게시하지 아니하거나 거짓으로 게시한 자(제34조 위반)
  ③ 수급자에게 장기요양급여비용에 대한 명세서를 교부하지 아니하거나 거짓으로 교부한 자(제35조 제3항 위반)
  ④ 장기요양급여 제공 자료를 기록·관리하지 아니하거나 거짓으로 작성한 사람(제35조 제4항 위반)
  ⑤ 장기요양요원에게 급여외행위의 제공을 요구하거나 수급자가 부담해야 할 본인부담금의 전부 또는 일부를 부담하도록 요구하는 장기요양기관의 장(제35조의4 제2항 위반)
  ⑥ 장기요양기관의 폐업·휴업 신고 또는 자료이관을 하지 아니하거나 거짓이나 그 밖의 부정한 방법으로 신고한 자(제36조 제1항, 제6항 위반)
  ⑦ 장기요양기관 이외의 자가 자료제출 명령에 따르지 아니하거나 거짓으로 자료제출을 한 장기요양기관이나 질문 또는 검사를 거부·방해 또는 기피하거나 거짓으로 답변한 경우(제60조, 제61조 제1항, 제2항 위반)
  ⑧ 거짓이나 그 밖의 부정한 방법으로 장기요양급여비용 청구에 가담한 사람
  ⑨ 장기요양보험 사업을 수행하는 자가 아닌 자가 보험계약 또는 보험계약의 명칭에 노인장기요양보험 또는 이와 유사한 용어를 사용한 경우(제62조의2 위반)

(2) 과태료는 대통령령으로 정하는 바에 따라 관할 특별자치시장·특별자치도지사·시장·군수·구청장이 부과·징수한다.

★ **과태료**
일정한 행정의무를 이행하지 않거나 가벼운 벌칙을 위반한 자에게 부과하는 행정질서벌로, 넓게는 행정 뿐만 아니라 사법, 소송법상 의무위반을 이유로 부과되기도 한다. 부과·징수대상이 행정기관이며 전과기록이 남지 않는다는 점 등으로 형법상의 형벌인 벌금과 구분된다.

법령 핵심체크 OX

12장 벌칙

📑 다음을 읽고 맞는 것은 O, 틀린 것은 X에 표시하시오.

01 거짓이나 그 밖의 부정한 방법으로 장기요양급여비용을 청구한 자는 3년 이하의 징역 또는 3천만 원 이하의 벌금에 처한다.

(O / X)

02 영리를 목적으로 수급자가 부담하는 본인부담금을 면제 또는 감경하는 행위를 한 자는 2년 이하의 징역 또는 2천만 원 이하의 벌금에 처한다.

(O / X)

03 영리를 목적으로 금전, 물품, 노무, 향응, 그 밖의 이익을 제공하거나 제공할 것을 약속하는 방법으로 수급자를 장기요양기관에 소개, 알선 또는 유인하는 행위를 한 자는 1년 이하의 징역 또는 1천만 원 이하의 벌금에 처한다.

(O / X)

04 특별자치시 · 특별자치도 · 시 · 군 · 구, 국민건강보험공단, 등급판정위원회 및 장기요양기관에 종사하고 있거나 종사한 자가 업무수행 중 알게 된 비밀을 누설한 경우 2년 이하의 징역 또는 2천만 원 이하의 벌금에 처한다.

(O / X)

05 정당한 사유 없이 수급자의 장기요양급여신청을 거부한 장기요양기관은 2년 이하의 징역 또는 2천만 원 이하의 벌금에 처한다.

(O / X)

06 장기요양기관을 폐업하려는 경우 다른 장기요양기관을 선택하고 이용할 수 있게 하는 등의 수급자의 권익을 보호하기 위한 조치를 취하지 않은 장기요양기관의 장은 1년 이하의 징역 또는 1천만 원 이하의 벌금에 처한다.

(O / X)

07 보건복지부장관의 자료제출명령에 따르지 않거나 거짓으로 자료제출을 한 장기요양기관에 대해서는 1천만 원 이하의 벌금에 처한다.

(O / X)

08 장기요양기관에 대한 내용 변경이 있음에도 정당한 사유 없이 변경지정 혹은 변경신고를 하지 않은 자는 500만 원 이하의 과태료를 부과한다.

(O / X)

09 장기요양급여를 제공하고 정당한 이유 없이 그 수급자에게 장기요양급여비용에 대한 명세서를 교부하지 않은 장기요양기관의 장에게는 100만 원 이하의 과태료를 부과한다.

(O / X)

10 국민건강보험공단의 자료제출요구에 불응하거나 거짓으로 자료를 제출한 장기요양기관에 대해서는 1천만 원 이하의 벌금에 처한다.

(O / X)

11 장기요양급여를 받은 자가 정당한 이유 없이 보건복지부장관의 자료제출 명령에 따르지 않거나 거짓으로 자료제출을 한 경우 500만 원 이하의 과태료를 부과한다. (○ / ×)

12 거짓이나 부정한 방법으로 수급자에게 장기요양급여를 부담하게 한 자는 1년 이하의 징역 또는 1천만 원 이하의 벌금에 처한다. (○ / ×)

13 정당한 사유 없이 거짓이나 부정한 방법으로 장기요양급여비용 청구에 가담한 사람은 500만 원 이하의 과태료를 부과한다. (○ / ×)

14 법인의 대표자가 법인의 업무에 관하여 「노인장기요양보험법」상 징역 혹은 벌금형을 규정한 벌칙조항에 해당하게 된 경우 그 법인에 대하여도 해당 조의 벌금형을 과한다. (○ / ×)

15 「노인장기요양보험법」에서 규정하는 과태료는 대통령령이 정하는 바에 따라 관할 특별자치시장 · 특별자치도지사 · 시장 · 군수 · 구청장이 부과 · 징수한다. (○ / ×)

정답과 해설 | ✔

01 O	02 O	03 X	04 O
05 X	06 O	07 O	08 O
09 X	10 X	11 O	12 X
13 O	14 O	15 O	

법령 확인문제

▶ 정답과 해설 13p

12장 벌칙

01 장기요양기관의 지정을 받지 않고 장기요양기관을 운영한 자에 대한 처벌규정으로 옳은 것은?

① 2년 이하의 징역 또는 2천만 원 이하의 벌금
② 1년 이하의 징역 또는 1천만 원 이하의 벌금
③ 500만 원 이하의 과태료
④ 100만 원 이하의 과태료

02 자료제출 명령에 따르지 않거나 거짓으로 자료제출을 한 장기요양기관에 대한 처벌규정으로 옳은 것은?

① 500만 원 이하의 과태료
② 1천만 원 이하의 벌금
③ 2년 이하의 징역 또는 2천만 원 이하의 벌금
④ 3년 이하의 징역 또는 3천만 원 이하의 벌금

03 보건복지부장관 소속 공무원의 질문 또는 관계서류 검사를 거부 · 방해한 요양보험가입자에 대한 처벌규정으로 옳은 것은?

① 100만 원 이하의 과태료
② 500만 원 이하의 과태료
③ 1천만 원 이하의 벌금
④ 1년 이하의 징역 또는 1천만 원 이하의 벌금

04 다음 중 500만 원 이하의 과태료 부과대상에 해당하지 않는 경우는?

① 국민건강보험공단 인터넷 홈페이지에 장기요양기관에 대한 자료를 거짓으로 게시한 경우
② 장기요양기관 휴업 시 공단의 허가 없이 장기요양급여 제공 자료를 이관하지 않은 경우
③ 장기요양보험사업을 수행하지 않는 자가 보험계약의 명칭에 '노인장기요양보험'을 사용한 경우
④ 장기요양기관 종사자가 업무수행 중 알게 된 비밀을 누설한 경우

05 다음의 빈칸에 들어갈 내용으로 적절한 것은?

> 법인의 대표자, 법인이나 개인의 대리인 · 사용인 및 그 밖의 종사자가 그 법인 또는 개인의 업무
> 에 관하여 법 제67조(벌칙)에 해당하는 위반행위를 한 때에는 그 행위자를 벌하는 외에 그 법인 또는
> 개인에 대하여도 해당 조의 (   )을/를 과한다. 다만, 법인 또는 개인이 그 위반행위를 방지하기
> 위하여 해당 업무에 관하여 상당한 주의와 감독을 게을리 하지 아니한 경우에는 그러하지 아니하다.

① 징역형   ② 벌금형
③ 과태료   ④ 자격정지 처분

06 「노인장기요양보험법」에서 과태료의 부과 · 징수권자는?

① 대법원
② 보건복지부장관
③ 특별자치시장 · 특별자치도지사 · 시장 · 군수 · 구청장
④ 국민건강보험공단 징수이사

노인장기요양보험법 요양직

분석 ≫≫ 노인장기요양보험법 직무시험은 단답형 문제와 자료를 해석하는 응용문제를 통해 수험생들이 조문을 얼마나 정확하게 알고 있는가와 함께 조문의 내용을 얼마나 이해하고 있는지, 수험생들이 노인장기요양보험법의 정보를 실무에 적용할 수 있는 능력을 가지고 있는지를 함께 측정하는 추세로 진행되고 있다. 이에 따라 사례를 바탕으로 출제되는 문제나 자료를 제시하고 이를 분석해야 하는 문제들에 대한 경험과 대비가 필요하다.

국민건강보험공단 [직무시험]

파트 2 노인장기요양보험법
기출예상모의고사

01. 다음 중 장기요양급여제공의 기본원칙에 해당하지 않는 것은?

① 장기요양급여는 재가급여를 우선적으로 제공하여야 한다.

② 장기요양급여는 의료서비스와 연계하여 제공하여야 한다.

③ 장기요양급여는 노인등의 심신상태, 생활환경만을 고려하여 이를 제공하여야 한다.

④ 장기요양급여는 노인등이 자신의 의사와 능력에 따라 최대한 자립적으로 일상생활을 수행할 수 있도록 제공하여야 한다.

02. 장기요양보험료에 대한 설명으로 옳지 않은 것은?

① 장기요양보험료와 국민건강보험료는 통합하여 징수하고 고지한다.

② 공단은 장기요양보험료와 국민건강보험료를 각각의 회계로 관리하여야 한다.

③ 장기요양보험료는 장기요양위원회의 심의를 거쳐 대통령령으로 정한다.

④ 장기요양보험료의 징수업무는 공단 내 국민건강보험료의 징수업무를 담당하는 조직이 수행한다.

03. 국민건강보험공단 직원 A 씨는 장기요양인정신청 방문조사를 위한 주의사항을 메모하고 있다. 다음 ㉠ ~ ㉣의 내용 중 옳지 않은 것은?

방문조사 준비	→	방문조사 진행	→	조사결과서 작성
장소 파악 (조사 장소의 지리상 문제로 ㉠해당 시청에 공동조사를 요청할 수 있음)		주요 조사사항 - 신청인의 심신상태는? - ㉢신청인에게 어떤 장기요양급여가 필요할까?		조사결과서 제출 - ㉣조사 완료 후 해당 소재지 시청에 조사결과서 작성 후 송부할 것. - 조사결과서는 다른 심의자료와 같이 등급판정위원회에 제출
신청인에게 통보 (조사일시, 장소, ㉡담당자의 인적사항 등)				

① ㉠

② ㉡

③ ㉢

④ ㉣

04. 다음 장기요양인정에 대한 설명으로 옳지 않은 것은?

① 등급판정에 따른 장기요양인정 유효기간은 1년 이상이다.

② 국민건강보험공단은 장기요양등급판정위원회의 심의 결과 수급자로 판정받지 못한 신청인에게 해당 내용을 통보해야 한다.

③ 장기요양판정의 갱신을 위해 수급자는 장기요양인정의 유효기간이 만료되기 전 30일 전까지 국민건강보험공단에 갱신신청을 완료하여야 한다.

④ 장기요양급여를 받고 있는 수급자가 장기요양등급의 변경을 원하는 경우에는 갱신절차때만 이를 신청할 수 있다.

05. 다음 「노인장기요양보험법」상 장기요양급여의 제공 관련 문의에 대한 올바른 답변이 아닌 것은?

① Q : 거주지 이외의 지역에 있는 요양시설에 입소하여 급여를 받을 수 있나요?

  A : 장기요양보험도 건강보험과 마찬가지로 전국 어느 장기요양기관에서나 급여를 받을 수 있습니다.

② Q : 저희 아들이 이번에 새 사업을 하겠다고 사업자금이 필요하다는데, 특별현금급여로 받은 현금도 제 돈이니까 아들한테 줘도 되죠?

  A : 장기요양급여는 수급자의 일상생활을 보조하기 위한 목적으로 제공되는 것입니다. 특별현금급여를 수급자의 가족을 지원하는 목적으로 사용하실 수는 없습니다.

③ Q : 장기요양급여의 한도액이 있나요?

  A : 네. 장기요양급여는 장기요양등급과 장기요양급여의 종류 등을 고려하여 1년 단위로 산정한 연 한도액의 범위 내에서 제공됩니다.

④ Q : 저희 딸과 함께 두 달 동안 해외여행을 떠나는데 급여 지급은 어떻게 되죠?

  A : 수급자분이 국외에 여행 중인 기간에는 장기요양급여의 지급이 정지됩니다.

노인장기요양보험법

1회 기출예상

2회 기출예상

3회 기출예상

4회 기출예상

5회 기출예상

06. 다음 목록과 관련된 장기요양급여는?

구입품목	이동변기, 목욕의자, 성인용 보행기, 안전손잡이, 미끄럼방지용품, 간이변기, 지팡이, 욕창예방방석, 자세변환용구, 요실금팬티
대여품목	수동휠체어, 전동침대, 이동욕조, 목욕리프트, 배회감지기, 경사로
구입 또는 대여품목	욕창예방매트리스

① 방문요양   ② 방문목욕
③ 시설급여   ④ 기타재가급여

07. 다음 장기요양기관의 지정에 대한 설명으로 옳지 않은 것은?

① 시설급여를 제공하는 장기요양기관을 운영하려는 자는 그 소재지를 관할로 하는 국민건강보험공단의 본사나 지사의 지정을 받아야 한다.

② 기관의 지정 시 기관을 운영하려는 자가 「노인장기요양보험법」에 따라 받은 행정처분의 내용을 검토해야 한다.

③ 장기요양기관의 지정을 희망하는 자는 장기요양에 필요한 시설 및 인력을 갖추어야 한다.

④ 재가급여를 제공하면서 의료기관이 아닌 자가 설치·운영하는 장기요양기관이 방문간호를 제공할 경우 관리책임자로 간호사를 둘 것을 요구한다.

08. 다음 중 장기요양기관의 지정결격사유에 해당하지 않는 사람은?

① 미성년자

② 「마약류 관리에 관한 법률」상의 마약류에 중독된 사람

③ 파산선고를 받고 복권된 지 3년이 경과되지 아니한 사람

④ 금고 이상의 실형을 선고받고 집행이 종료된 날로부터 3년이 지난 사람

09. 다음 중 장기요양요원의 보호에 관한 규정사항으로 옳지 않은 것은?

① 국민건강보험공단은 장기요양요원의 권리를 보호하기 위해 장기요양요원지원센터를 설치하여 운영할 수 있다.

② 수급자가 부담해야 할 본인부담금을 장기요양요원에게 부담할 것을 요구하는 것은 지정취소 및 과태료 부과 대상에 해당한다.

③ 장기요양기관의 장은 수급자의 가족에게 폭행을 당한 장기요양요원에 대해 업무전환 등의 적절한 조치를 취해야 한다.

④ 장기요양기관은 지급받은 장기요양급여비용 중 일정 비율을 장기요양요원의 인건비로 지출하여야 한다.

10. 다음에서 설명하고 있는 「노인장기요양보험법」상의 용어는?

> 약칭 'PI보험'이라고 부르는 이 보험은 특정 사업에 종사하는 전문가가 법률상의 손해를 발생시킨 경우 그에 대한 배상을 책임지는 손해보험이다. 「노인장기요양보험법」은 장기요양기관의 종사자가 이 보험을 선택적으로 가입할 수 있음을 명시하면서, 미가입자에 대해 장기요양급여비용의 일부 감액이라는 불이익을 함께 규정하면서 사실상 의무적으로 이 보험에 가입할 것을 요청하고 있다.

① 산업재해보상보험   ② 징수위탁보험

③ 전문인 배상책임보험   ④ 영업배상책임보험

11. 다음 상황에 대한 설명으로 적절한 것은?

> 장기요양기관을 운영하기 위해 A 씨로부터 장기요양기관을 인수 받은 B 씨는 양도 당시 해당 장기요양기관이 지정취소된 기관이었음을 알지 못한 상태로 장기요양기관을 계속 운영하였다.

① 지정취소의 효과는 승계되지 않으므로 B 씨는 특별한 조치 없이 정상적으로 장기요양기관을 운영할 수 있다.

② 지방자치단체의 지정취소명령에 대해 B 씨는 양도 당시 그 사실을 알지 못했음을 증명하여 행정제재처분의 승계에 대항할 수 있다.

③ 의도적으로 장기요양기관의 지정취소사실을 알리지 않은 A 씨에게는 1천만 원 이하의 벌금에 처한다.

④ 양도 당시 해당 장기요양기관이 지정취소를 받은 후 1년이 경과하였다면 B 씨는 특별한 조치 없이 정상적으로 장기요양기관을 운영할 수 있다.

12. 장기요양급여의 본인부담금에 대한 설명으로 옳지 않은 것은?

① 재가급여의 월 한도액을 초과하는 요양급여의 15%는 본인부담임을 원칙으로 한다.

② 의료급여수급권자는 본인부담금의 60%의 범위에서 차등하여 감경할 수 있다.

③ 시설급여의 20%는 본인부담임을 원칙으로 한다.

④ 관련규정 외의 장기요양급여는 100% 본인부담으로 한다.

13. 다음 국민건강보험공단의 장기요양급여의 부당이득 징수 등에 대한 설명으로 옳지 않은 것은?

① 국민건강보험공단은 월 한도액 범위를 초과하여 장기요양급여를 받은 기관에게 부당이득을 이유로 장기요양급여 또는 그 장기요양급여비용에 상당하는 금액을 징수할 수 있다.

② 거짓 보고 또는 증명이나 거짓 진단에 의해 장기요양급여가 제공된 경우, 국민건강보험공단은 이에 관여한 자에 대하여 장기요양급여를 받은 자와 연대하여 징수금을 납부하게 할 수 있다.

③ 부정한 방법으로 장기요양급여를 받은 자에 대한 부양의무를 지고 있는 자에게 연대납부를 요구하는 것은 연좌제 금지의 원칙에 반하여 허용되지 않는다.

④ 장기요양기관이 수급자로부터 거짓이나 그 밖의 부정한 방법으로 장기요양급여를 받았다면 국민건강보험공단은 이를 징수하여 수급자에게 지체 없이 지급하여야 한다.

14. 국민건강보험공단의 장기요양보험사업 운영에 관한 설명으로 옳지 않은 것은?

① 국민건강보험공단은 장기요양사업을 수행하기 위한 조직을 건강보험사업 관련 조직 등과 구분하여 두어야 한다.

② 국민건강보험공단은 장기요양사업의 관리운영에 대해 장기요양보험료를 재원으로 하는 사업과 국가·지방자치단체의 부담금을 재원으로 하는 사업의 재정을 구분하여 운영하여야 한다.

③ 국민건강보험공단은 매 회계연도마다 결산상의 잉여금 중에서 그 연도의 장기요양급여에 든 비용의 일정 비율을 부족한 보험급여 비용에 충당하기 위한 목적의 준비금으로 적립하여야 한다.

④ 국민건강보험공단은 장기요양보험료, 장기요양급여, 장기요양사업에 관한 예산 및 결산 등을 정관에 명시하여야 한다.

15. 다음 중 국민건강보험 홈페이지 및 관련 사이트에서 확인 할 수 있는 내용을 모두 고르면?

> ⊙ 장기요양급여 대상자 조회
> ⓒ 현재 운영 중인 장기요양기관의 시설과 인력현황
> ⓒ 국민건강공단의 장기요양기관 평가 결과

① ⊙
② ⊙, ⓒ
③ ⓒ, ⓒ
④ ⊙, ⓒ, ⓒ

16. 다음은 장기요양급여에 관한 공단 처분의 구제절차를 도식화한 것이다. 이에 대한 설명으로 옳지 않은 것은?

심사청구		재심사청구		(⊙)
(ⓒ)	→	장기요양재심사위원회	→	행정법원(1심)

① ⊙에 들어갈 절차는 심사청구나 재심사청구 없이도 제기할 수도 있다.

② ⓒ에 들어갈 기관은 국민건강보험공단 소속으로 한다.

③ 재심사청구 사항에 대한 재심사를 거친 경우 ⊙과 별도로 행정심판을 청구할 수 있다.

④ 심사청구는 원칙상 처분이 있음을 안 날로부터 90일, 처분이 있는 날로부터 180일 이내에 제기해야 한다.

17. 다음 〈보기〉 중 의료급여수급권자에 대해 공단이 부담하는 비용을 국가와 지방자치단체가 전액 지원하는 것의 개수는?

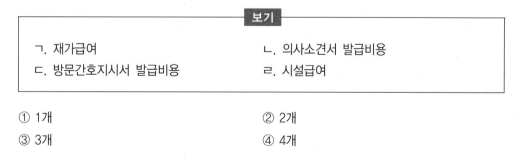

> **보기**
>
> ㄱ. 재가급여　　　　　　　　ㄴ. 의사소견서 발급비용
> ㄷ. 방문간호지시서 발급비용　　ㄹ. 시설급여

① 1개
② 2개
③ 3개
④ 4개

18. 장기요양급여에 관한 자료제출 명령 및 서류검사, 관계인질문에 대한 설명으로 옳지 않은 것은?

① 보건복지부장관은 장기요양보험가입자에게 가입자의 보수·소득에 관한 사항에 관한 자료 제출을 명할 수 있다.

② 특별자치시장·특별자치도지사·시장·군수·구청장은 관할 장기요양기관을 대상으로 장기요양급여를 제공명세에 대한 자료 제출을 명할 수 있다.

③ 국민건강보험공단의 장기요양급여 관련 서류의 검사절차에 대해서는 「행정조사기본법」에서 정하는 바에 따른다.

④ 보건복지부 소속 공무원의 관계인 질문에 대해 정당한 이유 없이 이를 거부·방해하거나 거짓으로 답변한 장기요양보험가입자에 대해서는 500만 원 이하의 과태료를 부과한다.

19. 「노인장기요양보험법」상 과태료의 부과에 대한 설명으로 옳은 것은?

① 과태료는 대통령령이 정하는 바에 따라 보건복지부장관이 부과·징수한다.

② 과태료 처분에 불복하는 자는 그 처분을 고지 받은 날부터 30일 이내에 보건복지부장관에게 이의를 제기할 수 있다.

③ ②의 경우 보건복지부장관은 관할 법원에 그 사실을 통보하고, 법원은 이를 비송사건으로 분류하여 재판한다.

④ 장기요양보험 사업을 수행하지 않으면서 보험계약에 노인장기요양보험 혹은 이와 유사한 용어를 사용하는 자는 과태료 부과 대상에 속한다.

20. 다음 글을 읽은 학생들의 대화에서 빈칸에 들어갈 용어로 옳은 것은?

> 「공무원연금법」상 각종 급여는 기본적으로 사법상의 급여와 달리 퇴직공무원 및 그 유족의 생활안정과 복리향상을 위한 사회보장적 급여로서의 성질을 가지므로, 본질상 일신전속성이 강하여 권리자로부터 분리되기 어렵고, 사적 거래의 대상으로 삼기에 적합하지 아니할 뿐만 아니라, 압류를 금지할 필요성이 훨씬 크며, (중략) 「공무원연금법」상의 각종 급여수급권 전액에 대하여 압류를 금지한 것은 기본권 제한의 입법적 한계를 넘어서 재산권의 본질적 내용을 침해한 것이거나 헌법상의 경제질서에 위반된다고 볼 수 없다.
>
> 헌법재판소 2000. 3. 30. 98헌마401, 99헌바53, 2000헌바9(병합) 전원재판부

> 학생 A : 연금을 받을 권리는 양도도, 압류도 못 한다 이 말이네.
>
> 학생 B : 기본적인 생활을 보장하기 위한 사회보장의 목적으로 지급되는 거잖아. 이걸 다른 채권들처럼 거래할 수 있게 하면 안 되겠지.
>
> 학생 C : 이거랑 비슷한 내용을 「노인장기요양보험법」에서 본 거 같은데?
>
> 학생 B : 제66조에 있을걸?
>
> 학생 A : 제66조에서는 장기요양급여를 받을 권리는 양도 또는 압류하거나 (   )(으)로 제공할 수 없다고 나와 있네. 그리고 특별현금급여도 압류할 수 없대.

① 명의신탁

② 담보

③ 포상금

④ 경매의 대상

01. 다음 「노인장기요양보험법」상 장기요양급여에 대한 설명 중 옳지 않은 것은?

① 「노인장기요양보험법」상 "장기요양급여"란 1년 이상 혼자서 일상생활을 수행하기 어렵다고 인정되는 자에게 신체활동·가사활동의 지원 또는 간병 등의 서비스나 이에 갈음하여 지급하는 현금 등을 말한다.

② 「노인장기요양보험법」상 "노인등"은 65세 이상의 노인 또는 65세 미만의 자로서 치매·뇌혈관성질환 등의 노인성 질병을 가진 자를 의미한다.

③ 보건복지부장관은 장기요양기본계획을 수립·시행하고, 지방자치단체의 장은 관련 세부시행계획을 수립·시행해야 한다.

④ 국가는 노인뿐만 아니라 장애인 등 일상생활을 혼자서 수행하기 어려운 모든 국민이 장기요양급여를 제공받을 수 있도록 노력해야 하며, 이를 위해 장기요양급여가 원활히 지급될 수 있도록 공단에 필요한 행정적 또는 재정적 지원을 할 수 있다.

02. 다음 「노인장기요양보험법」상 장기요양요원에 대한 설명 중 옳지 않은 것은?

① 장기요양요원은 장기요양기관에 소속되지 않고 노인 등의 가족 등 노인 등의 신체활동 또는 가사활동 지원 등의 업무를 수행하는 자를 말한다.

② 국가 및 지방자치단체는 장기요양요원의 처우를 개선하고 복지를 증진하며 지위를 향상시키기 위하여 적극적으로 노력하여야 한다.

③ 보건복지부장관과 지방자치단체의 장은 5년마다 장기요양기본계획을 통해 장기요양요원의 처우에 관한 사항에 대한 계획을 수립·시행하여야 한다.

④ 보건복지부장관은 3년마다 장기요양요원의 근로조건, 처우 및 규모에 관한 사항을 정기적으로 조사하고 그 결과를 공표해야 한다.

03. 다음 장기요양보험료를 산정하는 산술식의 ㉠, ㉡에 대한 설명으로 옳지 않은 것은?

> 장기요양보험료 = (국민건강보험료액 − 국민건강보험료 면제 · 경감액) × ㉠ 장기요양보험료율 − ㉡ 장기요양보험료 감면액

① ㉠은 장기요양위원회의 심의를 거쳐 대통령령으로 정한다.
② ㉠를 심의하는 심의기관의 위원장은 보건복지부차관으로 한다.
③ 국가유공자는 ㉡의 적용대상에 해당한다.
④ 장기요양인정을 받지 못한 장애인은 ㉡의 적용대상에 해당한다.

04. 다음 장기요양인정 및 장기요양급여 제공절차와 이에 관한 서류와의 연결로 옳지 않은 것은?

장기요양인정신청	방문조사	장기요양 등급판정	장기요양급여이용계약
장기요양인정신청서 ㉠ 의사소견서 ㉡ 개인별장기요양 이용계획서	조사결과서	㉢ 장기요양인정서	㉣ 장기요양급여 제공계획서

① ㉠
② ㉡
③ ㉢
④ ㉣

05. 다음 중 장기요양기관 내에서 제공되지 않는 장기요양급여는?

① 시설급여
② 방문간호
③ 단기보호
④ 주 · 야간보호

노인장기요양보험법

1회 기출예상

2회 기출예상

3회 기출예상

4회 기출예상

5회 기출예상

06. 아래는 「노인장기요양보험법 시행규칙」 별지 제9호 서식의 일부이다. 다음 설명 중 옳지 않은 것은?

대리인 지정서

	성 명		주민등록번호	–
신청인 (본인)	주 소			
	전화번호	(휴대전화　　　　　　)		

	성 명		주민등록번호	–
대리인	주 소			
	전화번호	(휴대전화　　　　　　)		

「노인장기요양보험법」 제22조 및 같은 법 시행규칙 제10조에 따라 위의 사람을 장기요양인정의 신청, (　⊙　) 또는 장기요양의 변경신청, 급여종류 또는 내용의 변경신청 등에 대한 대리인으로 지정합니다.

○○○ (　　　　　　ⓛ　　　　　　) (직인)

국민건강보험공단 이사장 귀하

① 이 대리인 지정서가 있으면 신청인을 대리하여 장기요양인정신청을 할 수 있다.

② ⊙에는 '갱신신청'이 들어간다.

③ ⓛ에는 '특별자치시장·특별자치도지사·시장·군수·구청장'이 들어간다.

④ 대리를 위해 국민건강보험공단에 제출할 때에는 위 대리인 지정서에 신청인 가족의 동의서를 첨부해야 한다.

07. 다음 상황에 적용할 수 있는 장기요양급여로 가장 적절한 것은?

> "올해 일흔이 된 저희 남편이 치매에 걸려서 아내인 저랑 자식들만 겨우 알아봐요. 그래서 요양보호를 신청해야 되는데, 마침 집 근처에 좋은 치매안심센터가 있더라고요. 그런데 그렇게나 친구들이랑 어디 놀러 다니는 걸 좋아하던 양반이 집 밖으로 나가기 싫어하고, 특히 어디 낯선 사람 만나는 걸 그렇게나 무서워해요. 어쩔 수 없이 집에서 돌보긴 해야 될 텐데, 어떻게 지원을 받을 방법이 있을까요?"

① 가족요양비   ② 방문간호
③ 기타재가급여   ④ 특례요양비

08. 급여외행위에 대한 설명으로 옳지 않은 것은?

① 장기요양기관의 장기요양급여는 수급자의 일상생활에 지장이 없는 범위 내에서 실시되어야 한다.
② 장기요양기관의 장은 장기요양요원으로 하여금 수급자의 생업을 지원하는 행위를 할 것을 요구하여서는 안 된다.
③ 장기요양기관은 수급자가 아닌 수급자의 가족을 위한 장기요양급여를 제공하여서는 안 된다.
④ 수급자는 장기요양기관에 장기요양급여로 수급자의 가족의 생업을 지원해줄 것을 요청해서는 안 된다.

09. 장기요양기관에 대한 설명으로 옳지 않은 것은?

① 장기요양기관 지정의 갱신 신청은 유효기간 만료 30일 전까지 이를 완료하여야 한다.
② 장기요양기관 지정의 갱신 신청을 하였으나 유효기간 내에 심사결정이 이루어지지 않은 경우에는 그 결정이 이루어질 때까지는 지정이 유효한 것으로 본다.
③ 폐업 또는 휴업 신고를 하지 않고 1년 이상 장기요양급여를 제공하지 아니한 장기요양기관은 지정취소사유에 해당한다.
④ 물품제공을 약속하는 방법으로 수급자를 장기요양기관으로 유인하는 행위는 장기요양기관 지정취소 또는 업무정지사유에 해당한다.

10. 다음 안내문에 관한 제도에 대한 설명으로 옳지 않은 것은?

노인복지시설 및 재가장기요양기관 20XX년 노인인권 법정의무교육

- 교육명 : 찾아가는 노인인권교육(방문교육)
- 교육목표
  - 찾아가는 교육 고도화를 통한 교육 사각지대 해소 강화
  - 교육서비스 혁신을 통한 정책과 현장의 연결고리 역할 강화
- 법적근거
  - 「노인장기요양보험법」 제35조의3, 동법 시행령 제14조의2, 시행규칙 제27조의2
  - 「재가장기요양기관 대상 인권교육 운영 및 교육기관 지정 등에 관한 고시」
- 신청대상
  - 재가장기요양기관 · 협회

---

① 인권교육은 법정의무교육으로 교육대상자에게 무료로 제공되어야 한다.

② 보건복지부장관은 인권교육기관을 지정하여 인권교육에 필요한 비용을 지원할 수 있다.

③ 인권교육기관은 인권교육의 수행능력 부족을 이유로 업무정지대상이 될 수 있다.

④ 부정한 방법으로 지정을 받은 인권교육기관은 그 지정이 취소된다.

11. 요양기관의 업무정지에 대한 설명으로 옳지 않은 것은?

① 업무정지 중인 요양기관은 장기요양급여를 제공할 수 없다.

② 업무정지처분이 장기요양기관의 수급자에게 심한 불편을 줄 우려가 있다면 업무정지에 갈음한 과징금을 부과할 수 있다.

③ 요양기관의 행정제재처분의 효력은 처분을 한 날부터 3년 이내에 이를 합병한 법인에게 항상 승계된다.

④ 행정제재처분을 받은 요양기관을 합병할 경우 이를 합병한 양수인등에게 행정제재처분에 관한 사실을 지체 없이 알려야 한다.

12. 다음 「노인장기요양보험법」상 본인부담금에 대한 설명으로 옳지 않은 것은?

① 원칙적으로 재가비용의 100분의 15, 시설급여의 100분의 20은 수급자 본인이 부담한다. 다만 의료급여를 지급받는 경우나 수급권자의 소득·재산금액 혹은 거주지에 따라 본인부담금을 차등 감경할 수 있다.

② 수급자가 장기요양인정서에 기재된 장기요양급여의 종류와 내용과 다르게 선택하여 장기요양급여를 받은 경우 그 비용의 차액은 수급자 본인이 부담한다.

③ 장기요양급여를 받은 금액의 총액이 일정 금액 이하에 해당하는 수급자가 가족 등으로부터 방문요양에 상당한 장기요양을 받은 경우, 보건복지부령에 따라 본인부담금의 일부를 감면할 수 있다.

④ 수급자가 이미 낸 본인부담금이 기관이 통보한 본인부담금보다 더 많으면 국민건강보험공단은 그 차액을 장기요양기관에 지급할 금액에서 공제하여 수급자에게 지급하여야 한다. 이 지급금은 수급자가 납부하여야 하는 장기요양보험료와 상계할 수는 없다.

13. 부당이득의 징수에 대한 설명으로 옳지 않은 것은?

① 공단은 장기요양급여를 지급받는 자가 월 한도액을 초과하여 장기요양급여를 지급받은 경우 그 급여 혹은 그에 상당하는 금액을 징수한다.

② 공단은 거짓이나 부정한 방법으로 장기요양급여를 받는 자와 같은 세대에 속한 자에게 징수금의 연대책임을 지울 수 있다.

③ 공단은 거짓 진단으로 장기요양급여가 제공된 경우 그에 따른 징수금에 대해 이에 관여한 자들에게 연대책임을 부과할 수 있다.

④ 장기요양기관이 수급자로부터 부당한 장기요양급여비용을 받은 때에는 공단이 기관에게 이를 환급해줄 것을 명령해야 한다.

14. 다음 중 장기요양위원회의 업무에 해당하는 것을 모두 고르면?

> ㄱ. 장기요양보험료율 설정에 대한 심의
> ㄴ. 가족요양비의 지급기준 설정에 대한 심의
> ㄷ. 장기요양요원의 권리침해에 대한 상담 및 지원
> ㄹ. 시설급여비용에 대한 심의
> ㅁ. 장기요양등급의 판정

① ㄱ, ㄴ, ㄹ   ② ㄱ, ㄴ, ㅁ
③ ㄴ, ㄷ, ㄹ   ④ ㄷ, ㄹ, ㅁ

15. 장기요양사업의 관리운영기관인 국민건강보험공단에 대한 설명으로 옳지 않은 것은?

① 공단은 장기요양기관의 장기요양급여의 제공을 평가하고, 그 결과에 따라 장기요양기관에 지급할 장기요양급여비용을 가산 또는 감액할 수 있다.

② 공단은 국민건강보험가입자의 자격관리와 장기요양보험가입자의 자격관리를 전담하는 조직을 구분하여 따로 두어야 한다.

③ 공단 정관에는 장기요양사업에 대한 예산 및 결산에 관한 사항을 포함해야 한다.

④ 공단은 장기요양사업에 대하여 독립회계를 설치·운영해야 한다.

16. 다음은 「노인장기요양보험법」상 국민건강보험공단의 처분에 관한 이의제기 절차를 도식화한 것이다. 이에 대한 설명으로 옳지 않은 것은?

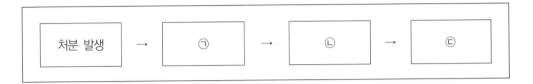

① ㉠은 심사청구, ㉡은 재심사청구, ㉢은 행정소송이다.
② 처분이 발생한 후 ㉠, ㉡을 거치지 않고 바로 ㉢으로 갈 수 있다.
③ 처분이 발생한 후 ㉠을 거치지 않고 바로 ㉡으로 갈 수는 없다.
④ 처분이 발생한 후 ㉠에서 ㉡을 거치지 않고 바로 ㉢으로 갈 수는 없다.

17. 전자문서의 사용에 대한 설명으로 옳지 않은 것은?

① 장기요양사업에 관한 각종 서류의 기록과 관리는 전자문서로 한다.
② 장기요양기관의 지정신청은 특히 전자문서의 이용을 반드시 요구한다.
③ 공단의 처분에 이의를 제기하는 심사청구에 있어서 전자문서로의 제출이 허용된다.
④ 장기요양기관의 재무 · 회계정보 처리는 전산매체를 이용할 것을 원칙으로 한다.

18. 다음 〈보기〉의 글을 읽은 학생들의 대화에서 괄호 안의 빈칸에 들어갈 사람으로 옳은 것을 모두 고르면?

> **보기**
>
> 위탁·대행·지정을 통해 공공성이 높은 업무를 수행하는 법인이나 단체의 임직원과 개인 또는 위원회 위원 등이 업무와 관련하여 금품의 수수(授受) 등 불법행위를 한 경우에 이들을 공무원과 같이 다루어 처벌할 수 있도록 하는 것을 '벌칙 적용 시의 공무원 의제'라고 한다.
>
> 이렇게 공무원이 아닌 자를 공무원으로 의제하여 처벌할 수 있도록 하는 것은 다루는 업무의 공공성이 크기 때문에 그 업무수행을 할 때 공정성과 책임성을 확보하기 위해서이다. 벌칙 적용 시의 공무원 의제 규정은 공무원이 아닌 사람을 공무원으로 보아 처벌을 강화하는 것이므로 반드시 법률에 규정해야 한다.
>
> 『법령 입안·심사 기준』, 법제처, 2017

> 학생 A : 공무원 의제? 공무원이 아닌데 공무원이라고? 무슨 소리야?
>
> 학생 B : 공공사업을 수행하는 사람들이 하는 뇌물 수수는 사실상 공무원의 뇌물 수수랑 다를 게 없잖아. 그러니까 그 경우에서만큼은 그 사람을 공무원과 같은 기준으로 취급해야 한다 이 말이지.
>
> 학생 C : 「노인장기요양보험법」에도 그 내용이 있어. 법 제66조의2에서 공무상비밀누설죄나 수뢰죄의 경우에는 공무원 의제가 적용되는 사람이 있대.
>
> 학생 B : 그렇지. 예를 들면 (   )라던가, 이런 사람들한테 적용되겠지.
>
> 학생 C : 뭐? 그 자리는 공무원만 들어갈 수 있잖아. 그 사람은 굳이 공무원 의제를 할 필요 없지.

> ㉠ 장기요양등급판정위원회의 위원장
>
> ㉡ 장기요양위원회의 위원장
>
> ㉢ 장기요양위원회의 부위원장

① ㉠

② ㉡

③ ㉡, ㉢

④ ㉠, ㉡, ㉢

19. 다음 「노인장기요양보험법」상 자료의 제출과 보고 및 검사에 대한 설명으로 옳은 것은?

① 국민건강보험공단은 장기요양사업에 필요하다고 인정되는 경우 장기요양보험가입자 또는 그 피부양자 및 의료급여수급권자에게 자료의 제출을 명령할 수 있다.

② 보건복지부장관 또는 관할 특별자치시장·특별자치도지사·시장·군수·구청장은 장기요양보험가입자의 피부양자에게 장기요양급여의 제공 명세에 관한 자료의 제출을 명할 수 있다.

③ 보건복지부장관은 보건복지부 소속 공무원으로 하여금 장기요양급여를 받은 자에게 장기요양급여에 관한 질문을 하게 할 수 있는데, 이 질문의 절차 및 방법은 행정조사의 성격을 띤다.

④ 장기요양급여에 관한 조사를 하는 조사의 권한을 표시하는 증표를 질문 대상인 관계인에게 내보일 필요는 없다.

20. 다음 중 「노인장기요양보험법」의 벌칙규정에 따른 양형기준이 다르게 적용되는 사람은?

① 장기요양에 관한 업무수행에 관한 비밀을 누설한 등급판정위원회 소속 위원 A 씨

② 정당한 사유 없이 장기요양급여의 제공을 거부한 장기요양기관장 B 씨

③ 부정한 방법으로 장기요양급여를 받은 C 씨

④ 지정취소된 장기요양기관에 수급자가 부담한 비용을 정산하지 않은 장기요양기관장 D 씨

www.gosinet.co.kr gosinet

노인장기요양보험법

1회 기출예상

2회 기출예상

3회 기출예상

4회 기출예상

5회 기출예상

01. 다음 중 「노인장기요양보험법」상 용어의 정의로 옳은 것은?

① '장기요양급여'는 6개월 이상 혼자서 일상생활을 수행하기 어렵다고 인정되는 자에게 제공되는 현금 지급 외의 서비스 제공을 의미한다.

② '장기요양기관'은 보건복지부장관의 지정을 받아 장기요양급여를 제공하는 기관을 말한다.

③ '장기요양요원'은 국민건강보험공단에 소속되어 노인 등의 신체활동 및 가사활동 지원 등의 업무를 수행하는 자를 말한다.

④ '전문인 배상책임보험'은 장기요양기관 종사자가 급여를 제공하는 과정에서 발생할 수 있는 수급자의 상해 등 법률상 손해를 배상하는 보험을 의미한다.

02. 다음 〈보기〉에서 국가와 지방자치단체의 책무에 대한 내용으로 틀린 것은 몇 개인가?

보기

ㄱ. 국가와 지방자치단체는 노인성질환예방사업을 실시하여야 한다.

ㄴ. 국가와 지방자치단체는 장기요양급여를 제공할 수 있도록 하는 적정한 수의 장기요양기관을 확충하고 그 설립을 지원해야 한다.

ㄷ. 국가는 장기요양급여가 원활히 제공될 수 있도록 지방자치단체와 공단에 대한 무조건적인 재정지원을 보장해야 한다.

ㄹ. 국가와 지방자치단체는 지역의 특성에 맞는 장기요양사업의 표준을 개발할 수 있다.

① 없음.

② 1개

③ 2개

④ 3개

03. 블로거 K 씨는 자신이 작성한 장기요양보험에 대한 글의 내용이 틀렸다는 댓글을 보고 아래와 같이 수정하였다. 다음 중 바르게 수정된 부분이 아닌 것을 모두 고르면?

• 장기요양보험의 가입에 관하여

　　장기요양보험사업은 「노인장기요양보험법」 제7조를 근거로 국민건강관리공단이 관장하고 보건복지부장관을 보험자로 하는 사회보험사업입니다.

　　국민건강보험의 가입자는 장기요양보험의 가입자가 됩니다. 즉, 장기요양보험만 별도로 가입할 수 있는 것이 아니라, 국민건강보험에 가입하게 되면 동시에 장기요양보험에도 강제로 가입되어 모든 국민건강보험 가입자는 장기요양보험 가입자가 됩니다.

　　그래서 장기요양보험료도 '건강보험료 × 장기요양보험료율'로 산정하여 국민건강보험료와 통합하여 납부하면 됩니다. 하지만 외국인근로자의 경우 예외로 국민건강보험의 가입자지만 노인장기요양보험에는 가입할 수 없으니 주의하시기 바랍니다.

• 장기요양보험의 가입에 관하여

　　장기요양보험사업은 「노인장기요양보험법」 제7조를 근거로 ㉠보건복지부장관이 관장하고 ㉡국민건강관리공단을 보험자로 하는 사회보험사업입니다.

　　국민건강보험의 가입자는 장기요양보험의 가입자가 됩니다. 즉, 장기요양보험만 별도로 가입할 수 있는 것이 아니라, 국민건강보험에 가입하게 되면 동시에 장기요양보험에도 강제로 가입되어 모든 국민건강보험 가입자는 장기요양보험 가입자가 됩니다.

　　그래서 장기요양보험료도 '㉢가입자의 재산×장기요양보험료율'로 산정하여 국민건강보험료와 ㉣별도의 절차로 납부하면 됩니다. 하지만 외국인근로자의 경우 예외로 국민건강보험의 가입자지만 ㉤신청을 통해 장기요양가입자에서 제외될 수 있습니다.

---

① ㉠, ㉡

② ㉠, ㉡, ㉢

③ ㉢, ㉣

④ ㉢, ㉣, ㉤

04. 다음 P 씨에게 적용될 「노인장기요양보험법」상의 내용으로 옳지 않은 것은?

> 노인장기요양급여를 받고자 하는 P 씨는 인근에 방문요양기관과 특별한 의료시설이 없고, 내륙과 연결된 다리가 없으며 정기여객선의 일일 운행도 많지 않은 경상남도의 한 외진 섬에 거주하고 있다.

① P 씨는 필요에 따라 방문요양을 위해 찾아온 장기요양요원에게 P 씨의 생업을 지원받을 수 있다.

② P 씨는 도서·벽지 지역에 거주하므로 의사소견서를 제출하지 않을 수 있다.

③ P 씨에게 장기요양요원을 대신하여 P 씨를 찾아가 직접 요양활동을 하는 가족이 있다면 가족요양비를 지급받을 수 있다.

④ P 씨는 시설급여비용에서 본인부담금 감경대상에 해당될 경우, 다른 감경대상자와 별도의 기준이 적용될 수도 있다.

05. 다음 ㉠ ~ ㉢에 들어갈 「노인장기요양보험법」상의 서류 명칭으로 바르게 연결된 것은?

> 국민건강보험공단은 장기요양등급판정위원회가 장기요양인정 및 등급판정의 심의를 완료한 경우 지체 없이 (㉠)를 작성하여 수급자에게 송부하여야 한다. 이때 국민건강보험공단은 장기요양급여를 원활히 이용할 수 있도록 월 한도액 범위 안에서 (㉡)를 작성하여 수급자에게 송부하여야 한다. 이를 받은 수급자는 장기요양기관에 제시하여 장기요양급여를 받을 수 있고, 장기요양기관은 수급자가 제시한 서류를 바탕으로 (㉢)를 작성하여 수급자의 동의를 받아 이를 국민건강보험공단에 통보해야 한다.

	㉠	㉡	㉢
①	장기요양인정서	개인별장기요양이용계획서	장기요양급여제공계획서
②	장기요양인정서	장기요양급여제공계획서	개인별장기요양이용계획서
③	개인별장기요양이용계획서	장기요양인정서	장기요양급여제공계획서
④	장기요양급여제공계획서	장기요양인정서	개인별장기요양이용계획서

06. 다음은 장기요양인정서에 있는 〈수급자 안내사항〉이다. 다음 ㉠ ~ ㉣에 대한 설명으로 옳지 않은 것은?

> 〈수급자 안내사항〉
>
> 1 ~ 3. (생략)
> 4. 장기요양보험료를 6회 이상 납부하지 아니하면 장기요양급여를 받을 수 없습니다.
> 5. 장기요양인정 등급판정결과에 대해 이의가 있는 경우 통보를 받은 날로부터 (㉠) 이내에 공단에 증명서류를 첨부하여 ㉡심사청구할 수 있습니다.
> 6. 장기요양인정의 갱신신청을 하려는 경우에는 유효기간이 끝나기 90일 전부터 (㉢) 전까지의 기간 동안에 공단에 신청해야 합니다.
> 7. 장기요양급여의 종류 및 내용이 "가족요양비"인 경우 「노인장기요양보험법」 제27조의2 및 같은 법 시행규칙 제21조의3에 따라 지급계좌를 ㉣특별현금급여수급계좌로 신청·변경 할 수 있습니다.
> 8. 「노인장기요양보험법」 제15조 제4항에 따라 거짓이나 그 밖의 부정한 방법 등으로 장기요 양인정을 받은 것으로 의심되는 경우 공단은 인정조사를 실시하여 다시 등급판정을 할 수 있습니다.
>
> 「노인장기요양보험법 시행규칙」 별지 제6호 서식 (장기요양인정서)

① ㉠에 들어갈 내용은 '180일'이다.

② ㉡은 전자문서를 포함한 문서로만 제기해야 한다.

③ ㉢에 들어갈 내용은 '30일'이다.

④ ㉣에는 오직 특별현금급여만이 입금되어야 하며, ㉣의 예금채권은 압류할 수 없다.

07. 주·야간급여와 단기보호의 비교에 대한 설명으로 옳지 않은 것은?

① 주·야간보호와 단기보호 모두 장기요양기관의 보호를 받는다는 점에서 시설급여로 구분한다.

② 장기요양기관에서의 보호에는 신체활동의 지원뿐만 아니라 심신기능의 유지·향상을 위해 기관 이 제공하는 훈련 프로그램의 진행을 포함한다.

③ 주·야간보호는 수급자를 하루 중 일정한 시간 동안 장기요양기관에 보호한다.

④ 단기보호는 수급자를 보건복지부령으로 정하는 단기간에 걸쳐 장기요양기관에 보호한다.

08. 다음 중 특별현금급여가 아닌 것은?

① 특례요양비
② 요양병원간병비
③ 가족요양비
④ 장기이식비

09. 다음 기사에서 ㉠에 들어갈 용어를 고르면?

> 65세 이상 노인이나 치매 · 뇌혈관성 질환 등 노인성 질병을 앓고 있는 65세 미만 고령자는 6개월 이상 일상생활이 어렵다고 판단되면 장기요양보험을 통해 지원을 받을 수 있다. 지난해 말 기준 전체 노인인구의 8.8%인 67만여 명이 방문요양 · 목욕 · 간호 등 재가급여와 노인요양시설 · 공동생활가정 등 시설급여 지원을 받고 있다.
>
> 그런데 이때 일부 수급자나 가족이 장기요양요원에게 김장이나 밭일 등 (㉠   )을/를 요구하는 경우가 있어 요원들이 고충을 토로해왔다. 장기요양기관장이 (㉠   )을/를 요구하는 경우도 있었다.
>
> 이에 복지부는 요원이 고충을 토로하는 경우 상담을 통해 업무전환 조치 등을 취하도록 하고 장기요양기관장이 (㉠   ) 제공을 요구하면 과태료를 부과하기로 했다.
> 「노인장기요양 급여로 김장 · 밭일까지?…"과도한 요구 제한"」, 뉴시스, 2019. 06. 04.

① 특별현금급여
② 방문요양
③ 급여외행위
④ 단기보호

10. 「노인장기요양보험법」상 장기요양기관의 지정에 대한 설명으로 옳은 것은?

① 장기요양급여를 제공하고자 하는 자는 시설 및 인력을 갖추어 재가장기요양기관을 설치하여 특별자치도지사 · 시장 · 군수 · 구청장에게 이를 신고해야 한다.

② 금고 이상의 형의 집행유예를 선고받고 그 유예기간 내에 있는 사람이나 파산선고를 받고 복권되지 아니한 사람 혹은 이를 대표자(중 하나)로 하고 있는 법인은 장기요양기관의 지정을 받을 수 없다.

③ 장기요양기관 지정의 유효기간은 6년, 그 후에도 계속하여 지정을 유지하려는 경우 국민건강보험공단에 유효기간 만기 90일 전까지 지정 갱신을 신청해야 한다.

④ 정신질환 이력이 있는 자는 전문의의 장기요양기관 설립 · 운영 업무에 종사하는 것이 적합하다는 인정이 있더라도 지정을 받을 수 없다.

11. 장기요양기관의 폐업에 대한 설명으로 옳은 것은?

① 장기요양기관의 장이 장기요양기관을 폐업하기 위해서는 폐업 전 30일까지 공단에 직접 신고해야 한다.

② 공단은 폐업 예정의 장기요양기관의 인근지역에 대체 장기요양기관이 없는 경우 폐업을 금지할 수 있다.

③ 장기요양기관을 폐업하고자 하는 장기요양기관의 장은 장기요양급여 제공 자료를 공단으로 이관해야 한다.

④ 폐업 예정의 장기요양기관의 장에게 해당 장기요양기관의 이용자가 다른 장기요양기관을 선택하고 이용하도록 조치를 취할 의무는 없다.

12. 다음 중 장기요양기관의 지정취소 사유에 해당하지 않는 것은?

① 업무정지기간 중 장기요양급여를 제공한 경우

② 정당한 이유 없이 전문인 배상책임보험 가입을 거부한 경우

③ 수급자를 위해 기부된 물품을 목적 외의 용도로 사용한 경우

④ 장기요양기관을 운영하는 법인대표에게 징역형의 집행유예를 선고된 후 3개월 내에 해당 대표를 교체하지 않은 경우

13. 장기요양기관 행정제재처분의 승계에 대한 설명으로 옳은 것은?

① 지정취소처분을 받고 폐업한 장기요양기관의 장의 배우자가 폐업 1년 후 다른 장소에서 다시 장기요양기관을 설립할 경우, 해당 행정제재처분은 신설된 장기요양기관에 승계된다.

② 업무정지 6개월 처분을 받아 진행 중인 장기요양기관을 합병하여 신설된 장기요양기관은 해당 행정제재처분의 존재를 알지 못했더라도 그 효과를 승계한다.

③ 업무정지 중에 있다는 사실이 공시되어 있더라도 업무정지 중인 장기요양기관을 양도하고자 하는 양도인은 양수인에게 해당 사실을 알릴 의무를 면할 수 없다.

④ 공단은 업무정지상태의 장기요양기관을 승계한 양수인의 장기요양기관에게 업무정지효과를 승계하기 위해서는 양수인이 그 사실을 알고 양도받았음을 증명해야 한다.

14. 다음 장기요양기관의 재무 · 회계에 대한 설명으로 옳지 않은 것은?

① 보건복지부장관은 장기요양기관에 대해 기관의 재무 · 회계에 관한 사항을 포함한 자료 제출을 명할 수 있다.

② 장기요양기관 중 국가나 지방자치단체 외의 자가 설치한 사회복지시설은 「노인장기요양보험법」의 재무 · 회계기준을 따를 것을 요구한다.

③ 특별자치시장 · 특별자치도지사 · 시장 · 군수 · 구청장은 장기요양기관 재무 · 회계기준을 위반한 장기요양기관에 대해 6개월 이내의 기간을 정하여 시정명령을 할 수 있다.

④ 장기요양기관의 재무 · 회계정보 처리는 전산매체 또는 전자문서교환방식을 원칙으로 한다.

15. 수급자의 본인부담금에 대한 설명으로 옳지 않은 것은?

① 공단은 장기요양기관이 청구한 시설급여비용 중 본인부담금을 공제한 금액을 장기요양기관에 지급하여야 한다.

② 장기요양기관의 장은 수급자의 본인부담금의 전부 혹은 일부를 장기요양요원이 부담할 것을 요구해서는 안 된다.

③ 장기요양기관이 영리를 목적으로 수급자가 부담하는 본인부담금을 면제하거나 감경할 경우 업무정지 혹은 지정취소 사유에 해당한다.

④ 수급자가 매월 부담하는 본인부담금의 총액이 대통령령으로 정하는 금액을 초과할 경우 공단이 그 초과분을 부담한다.

16. 다음 장기요양요원지원센터에 대한 설명으로 옳지 않은 것은?

① 국민건강보험공단은 장기요양요원의 권리를 보장하기 위하여 장기요양요원지원센터를 설치·운영할 수 있다.

② 장기요양요원지원센터는 장기요양요원의 권리 침해에 대한 상담 및 지원을 관장한다.

③ 장기요양요원지원센터는 장기요양요원에 대한 건강검진 등 건강관리에 대한 사업을 수행한다.

④ 장기요양요원지원센터에 관한 구체적인 사항은 각 지방자치단체의 조례에 위임한다.

17. 〈보기〉에서 「노인장기요양보험법」상 국민건강보험공단이 관장하는 업무를 모두 고르면?

보기

ㄱ 장기요양보험료율의 심의
ㄴ 장기요양급여의 월 한도액 심의
ㄷ 장기요양등급판정위원회의 운영, 장기요양등급의 판정
ㄹ 장기요양보험료의 부과·징수
ㅁ 재가 및 시설 급여비용 심의
ㅂ 재가 및 시설 급여비용의 심사 및 지급과 특별현금급여의 지급
ㅅ 장기요양요원의 건강검진 등 건강관리를 위한 사업
ㅇ 장기요양요원의 역량강화를 위한 교육지원
ㅈ 노인성질환예방사업

① ㄱ, ㄴ, ㅁ
② ㄷ, ㄹ, ㅂ, ㅈ
③ ㄹ, ㅂ, ㅈ
④ ㅁ, ㅂ, ㅅ, ㅇ

18. 다음은 〈보기〉와 「노인장기요양보험법」에서의 행정구제절차를 배운 학생들의 대화이다. 내용을 잘못 이해하고 있는 학생을 모두 고르면?

보기

「행정소송법」제18조(행정심판과의 관계) ① 취소소송은 법령의 규정에 의하여 당해 처분에 대한 행정심판을 제기할 수 있는 경우에도 이를 거치지 아니하고 제기할 수 있다. 다만, 다른 법률에 당해 처분에 대한 행정심판의 재결을 거치지 아니하면 취소소송을 제기할 수 없다는 규정이 있는 때에는 그러하지 아니하다.

학생 A : 「노인장기요양보험법」제56조에서는 행정심판의 절차에 관한 규정을 준용한다는 내용이 있대. 그럼 장기요양보험료에 관한 이의제기 절차도 다른 행정법들의 권리구제절차랑 비슷할까?

학생 B : 맞아. 「노인장기요양보험법」도 「국민건강보험법」과 「국민연금법」과 같이 심사청구, 재심사청구, 행정소송 제도가 있어.

학생 C : 그중에서 재심사청구가 「행정심판법」에서 말하는 행정심판이지?

학생 D : 그런데 「노인장기요양보험법」에는 다른 행정법들과 달리 심사청구제도를 '이의신청'이라는 용어로 부르고 있어. 혼동하지 않게 조심해야겠는걸.

학생 E : 그리고 제57조에서 행정소송을 제기할 수 있다고 했으니까 장기요양보험료에 관해 이의제기를 할 때 원한다면 「행정소송법」제18조에 나온 대로 심사청구나 재심사청구 절차를 안 거치고 바로 법원에 행정소송을 제기해도 되는 거겠네.

학생 F : 아니, 「노인장기요양보험법」에는 행정심판의 재결을 거치지 않으면 행정소송을 제기할 수 없다는 규정이 있어서 안 돼.

---

① 학생 B, 학생 F

② 학생 C, 학생 E

③ 학생 D, 학생 E

④ 학생 D, 학생 F

19. 다음 〈보기〉의 기관단체들의 소속을 올바르게 분류한 것은?

보기

⊙ 장기요양위원회
ⓒ 장기요양등급판정위원회
ⓒ 장기요양재심사위원회

	보건복지부장관	국민건강보험공단		보건복지부장관	국민건강보험공단
①	⊙, ⓒ	ⓒ	②	⊙, ⓒ	ⓒ
③	ⓒ	⊙, ⓒ	④	ⓒ, ⓒ	⊙

20. 「노인장기요양보험법」 제62조에는 업무수행 중 알게 된 비밀을 누설하면 안 된다는 비밀누설금지 규정이 있다. 이에 대한 설명으로 옳지 않은 것은?

① 장기요양기관에 종사하고 있거나 종사한 자는 업무수행 중 알게 된 비밀을 누설하여서는 안 된다.

② 「노인장기요양보험법」 제62조를 위반하여 비밀을 누설한 자는 2년 이하의 징역 또는 2천만원 이하의 벌금에 처한다.

③ 「노인장기요양보험법」 제62조 위반은 장기요양기관 지정취소의 직접적인 사유가 되지 않으나, 이로 인해 금고 이상의 형이 확정된다면 이를 이유로 장기요양기관지정이 취소될 수 있다.

④ 만일 비밀을 누설한 자가 공무원인 경우, 공무원의 비밀 누설을 처벌하는 「형법」 제127조(공무상 비밀의 누설)보다 「노인장기요양보험법」상의 벌칙규정이 우선 적용되어야 한다.

노인장기요양보험법

1회 기출예상

2회 기출예상

3회 기출예상

4회 기출예상

5회 기출예상

01. 다음 중 「노인장기요양보험법」상 장기요양에 관한 용어의 정의로 옳지 않은 것은?

① '노인등'이란 만 65세 이상의 노인 또는 65세 미만 중 대통령령으로 정하는 노인성 질병을 가진 자를 말한다.

② '장기요양기관'은 노인등의 신체활동 또는 가사활동 지원 등의 업무를 수행하는 자를 말한다.

③ '장기요양급여'는 6개월 이상 혼자서 일상생활을 수행하기 어렵다고 인정되는 자에게 지원되는 신체활동·가사활동의 지원, 간병 등의 서비스 또는 이에 갈음하여 지급하는 현금 등을 말한다.

④ '장기요양사업'은 장기요양보험료, 국가 및 지방자치단체의 부담금 등을 재원으로 하여 노인등에게 장기요양급여를 제공하는 사업을 말한다.

02. 다음은 노인장기요양사업에 관한 국가 및 지방자치단체의 책무(제4조)에 관한 내용이다. ㉠ ~ ㉣에 관한 「노인장기요양보험법」의 내용으로 잘못된 것은?

> 1. 국가 및 지방자치단체는 ㉠노인이 일상생활을 혼자서 수행할 수 있는 온전한 심신상태를 유지하는데 필요한 사업(이하 "노인성질환예방사업"이라 한다)을 실시하여야 한다.
> 2. 국가는 노인성질환예방사업을 수행하는 지방자치단체 또는 「국민건강보험법」에 따른 ㉡국민건강보험공단(이하 "공단"이라 한다)에 대하여 이에 소요되는 비용을 지원할 수 있다.
> 3. 국가 및 지방자치단체는 ㉢노인인구 및 지역특성 등을 고려하여 장기요양급여가 원활하게 제공될 수 있도록 적정한 수의 장기요양기관을 확충하고 장기요양기관의 설립을 지원하여야 한다.
> 4. 국가 및 지방자치단체는 장기요양급여가 원활히 제공될 수 있도록 공단에 필요한 행정적 또는 재정적 지원을 할 수 있다.
> 5. 국가 및 지방자치단체는 ㉣장기요양요원의 처우를 개선하고 복지를 증진하며 지위를 향상시키기 위하여 적극적으로 노력하여야 한다.
> 6. 국가 및 지방자치단체는 지역의 특성에 맞는 장기요양사업의 표준을 개발·보급할 수 있다.

① ㉠ : 장기요양급여는 노인이 자신의 의사와 능력에 따라 최대한 자립적으로 일상생활을 수행할 수 있도록 제공하여야 한다.

② ㉡ : 국가는 매년 예산의 범위 안에서 직전 연도 장기요양보험료 수입액의 100분의 20에 상당하는 금액을 공단에 지원한다.

③ ㉢ : 공단은 장기요양기관을 설치할 때 노인인구 및 지역특성 등을 고려한 지역 간 불균형 해소를 고려하여야 하고, 설치 목적에 필요한 최소한의 범위에서 이를 설치·운영하여야 한다.

④ ㉣ : 국가와 지방자치단체는 장기요양요원의 권리를 보호하기 위하여 장기요양요원지원센터를 설치·운영할 수 있다.

03. 〈자료〉는 2013년에 결정된 한 위헌법률심판 제청에서 청구인이 주장한 내용의 일부이다. 이를 참고하여 「노인장기요양보험법」을 바르게 이해하고 있는 학생으로 묶인 것은? (단, 다툼이 있는 경우 판례에 의한다)

자료

(1) 이 사건 강제가입조항(국민건강보험의 강제가입조항)은 소득 유무 및 규모에 따른 예외나 선택의 여지를 두지 않고 모든 국민을 단일 보험자에 의한 건강보험에 강제로 가입시켜 보험료를 징수함으로써 행복추구권에서 파생하는 일반적 행동의 자유의 하나인 공법상의 단체에 강제로 가입하지 않을 자유와 재산권을 침해한다.

(2) (생략)

(3) 이 사건 위임조항에서는 지역가입자의 보험료부과점수의 산정방법·기준 그 밖에 필요한 사항을 법률이 아닌 대통령령으로 규정하도록 위임하고 있고, 지역가입자의 보험료부과 점수당 금액 및 장기요양보험료율도 법률에 의하지 않고 대통령령으로 정하도록 위임하고 있는데, 건강보험료가 준조세에 해당함에도 구체적인 보험료 산정을 법률이 아니라 대통령령에 의하도록 한 것은 법률유보원칙 및 포괄위임입법금지원칙에 반한다.

헌법재판소 2013. 7. 25. 2010헌바51 전원재판부

학생 A : 장기요양보험의 가입자는 「국민건강보험법」의 가입자인데 지금도 국민건강보험은 지금 국민이면 의무적으로 가입해야 되고, 노인장기요양보험도 같이 의무가입하고 있잖아. 그럼 저 주장은 결국 안 받아들여진 거야?

학생 B : 응. 건강보험에 강제로 가입하게 하는 건 경제적 약자에게 기본적인 의료 서비스를 제공하고 소득재분배, 위험분산의 효과를 위해서 반드시 필요한 조치거든.

학생 C : 그런데 보험료율은 급여를 받아야하는 대상자의 수나 물가 변동 등을 고려해야 하니까 보험료율은 탄력적으로 규율할 수 있게 대통령령으로 위임해야 되는 거 아닐까?

학생 D : (3)의 주장은 받아들여졌나 봐. 저 말대로 국민이면 의무적으로 가입해야 하는 만큼 사실상 세금과 같은 위치에 있는 거니까. 그래서 지금 노인장기요양보험의 보험료율은 대통령령이 아니라 법률로 직접 규정하고 있어.

① 학생 C

② 학생 D

③ 학생 A, 학생 B, 학생 C

④ 학생 A, 학생 B, 학생 D

04. 다음 장기요양인정의 신청에 대한 설명으로 옳지 않은 것을 모두 고르면?

> ㄱ. 모든 장기요양급여의 수급자는 장기요양인정서가 도달한 날로부터 장기요양기관에 장기요양급여를 받을 수 있다.
> ㄴ. 장기요양인정의 유효기간은 최소 1년이다.
> ㄷ. 의료급여수급권자는 장기요양보험가입 여부를 불문하고 장기요양인정을 신청할 수 있다.
> ㄹ. 사회복지전담공무원은 필요시 본인 또는 가족의 동의가 없어도 장기요양인정의 신청을 대리할 수 있다.

① ㄱ, ㄷ ② ㄱ, ㄹ
③ ㄴ, ㄷ ④ ㄴ, ㄹ

05. 다음 상황에 대한 공단의 대처사항으로 적절하지 않은 것은?

> 교통사고의 외상후유증으로 장기요양등급판정 2등급 판정을 받은 P 씨가 등급판정을 받은 후 2년동안 20여 차례에 걸쳐 해외출입국을 한 사실이 확인되어, P 씨의 건강 상태와 P 씨가 장기요양인정신청 당시 P 씨와 개인적으로 친분이 있는 의사 D 씨가 작성하여 제출한 의사소견서 등에 대한 재조사에 착수하였다.

① 조사 결과 P 씨가 거짓으로 등급판정을 받은 사실이 확인된 경우 공단은 P 씨에게 등급조정신청을 할 것을 요청해야 한다.
② 만약 P 씨가 공단의 조사요구에 정당한 이유 없이 불응할 경우, 공단은 P 씨에 대한 장기요양급여의 제공을 중지할 수 있다.
③ P 씨가 거짓으로 등급판정을 받은 사실이 확인되어 장기요양등급을 재조정한 경우, 공단은 P 씨에 대해 재설정된 장기요양급여비용의 차액만큼을 환수할 수 있다.
④ 조사 결과 P 씨의 의사소견서를 작성한 의사 D 씨가 진단내용을 조작한 사실이 밝혀진 경우, 공단은 D 씨에 대해 P 씨가 받은 부당이득금 징수금을 연대납부하게 할 수 있다.

06. 다음 중 재가급여에 대한 설명으로 옳은 것은?

① 방문요양은 장기요양요원인 간호사 등이 의사의 지시서에 따라 수급자의 가정을 방문하여 간호, 진료보조, 요양상담 등을 제공하는 장기요양급여를 의미한다.

② 장기요양기관에 장기간 입소한 수급자에 대한 교육·훈련을 제공하는 시설급여는 재가급여에 해당한다.

③ 수급자를 하루 중 일정한 시간 동안 장기요양기관에 보호하는 주·야간보호는 재가급여에 해당하지 않는다.

④ 수급자를 보건복지부령으로 정하는 일정 기간 동안 장기요양기관에 보호하는 단기보호는 재가급여에 해당한다.

07. 특별현금급여에 대한 설명으로 옳지 않은 것은?

① 공단은 수급자의 신체·정신상 특수성에 의해 가족 등으로부터의 장기요양이 반드시 요구되는 경우에는 수급자에게 특별현금급여를 지급할 수 있다.

② 특별현금급여는 수급자 본인 명의의 지정 계좌로 입금하는 것이 원칙이나, 가족요양비는 요양을 제공한 수급자 가족 명의의 지정 계좌로 입금해야 한다.

③ 특별현금급여계좌의 예금채권은 압류할 수 없다.

④ 특별현금급여로 지급된 현금은 「국민기초생활 보장법」상 소득 또는 재산으로 분류되지 않는다.

08. 다음 ㉠에 들어갈 이 문서의 명칭은?

(㉠)						
본 서식은 수급자가 장기요양급여를 원활히 이용할 수 있도록 발급하는 이용계획서로 장기요양기관과 급여계약 체결 시 제시하시기 바랍니다.						
성 명		○○○		생년월일		1948. XX. XX.
장기요양등급		2 등급		인정유효기간		3년
재가급여(월 한도액)		1개월당 1,331,800원		본인부담율(%) ※ 발급일 기준	재가	15 %
시설급여	노인요양시설	일반	1일당 70,990 원		시설	20 %
장기요양 필요영역		장기요양 목표		장기요양 필요내용		
신체기능 의사소통 인지기능		신체기능상태의 유지 기초체력의 유지 및 질병 예방 의사소통능력의 유지		신체활동지원 정서지원 기능평가 및 훈련		
수급자 희망급여						
유의사항		이동 시 낙상의 위험이 있으니 주의가 필요합니다.				
장기요양 이용계획 및 비용 (급여비용 기준일 : 20XX – XX – XX)						
급여종류		횟 수		장기요양급여비용		본인부담금
노인요양시설	월	31	회	2,129,700 원		425,940 원
합계				2,129,700 원		425,940 원
복지용구						

① 의사소견서　　　　　　　　② 장기요양인정신청서

③ 장기요양급여제공계획서　　④ 개인별장기요양이용계획서

09. 다음 〈보기〉 중 「노인장기요양보험법」상 장기요양기관으로 지정받을 수 없는 사람(혹은 이를 대표자 중 하나로 하고 있는 법인)을 모두 고르면?

보기

㉠ 평소 노인복지사업에 관심이 많은 만 14세 중학생 B 씨
㉡ 대마 중독으로 현재 마약 중독치료를 받고 있는 G 씨
㉢ 10년 전 징역 5년을 선고받고 만기출소한 전직 조직폭력배 K 씨
㉣ 파산선고를 받고 아직 복권되지 않은 사업가 P 씨
㉤ 작년에 징역 1년 집행유예 3년을 선고받고 석방된 J 씨

① ㉠, ㉡, ㉢
② ㉡, ㉢, ㉣, ㉤
③ ㉠, ㉢, ㉣
④ ㉠, ㉡, ㉣, ㉤

10. 장기요양기관 지정의 갱신절차에 대한 설명으로 옳은 것은?

① 장기요양기관의 지정의 유효기간은 3년이며, 갱신을 하지 않으면 지정이 취소된다.
② 갱신 심사가 완료되어 지정 갱신이 결정된 경우 그 결과를 해당 장기요양기관의 장에게 통보할 필요는 없다.
③ 장기요양기관의 갱신 심사에 필요하다고 판단될 경우 공단 직원으로 하여금 현장심사를 하게 할 수 있다.
④ 장기요양기관의 갱신 심사에 필요하다고 판단될 경우 특별자치시장 · 특별자치도지사 · 시장 · 군수 · 구청장은 장기요양기관에 추가자료 제출을 요구할 수 있다.

11. 장기요양기관의 운영에 따른 의무사항에 관한 대화의 내용으로 옳지 않은 것은?

① 장기요양기관 입소정원에 여유가 없으면 장기요양급여를 거부할 수는 있어.
② 장기요양기관 직원이 아닌 사람이면 수급자를 장기요양기관에 소개시켜주고 사은품을 제공해주는 것 정도는 괜찮아.
③ 재무 · 회계기준을 위반한 장기요양기관에 대해서는 6개월 이내의 시정명령이 내려질 수 있어.
④ 장기요양기관 현황 자료는 국민건강보험공단 홈페이지에서 누구나 찾아볼 수 있어.

12. 다음 「노인장기요양보험법」상 장기요양요원의 처우 보장에 관한 설명으로 옳지 않은 것은?

① 장기요양기관의 장은 수급자가 부담해야 할 본인부담금을 장기요양요원에게 부담하도록 요구하여서는 아니 된다.

② 장기요양요원은 수급자에게 성희롱·성폭력 행위를 당한 경우 장기요양기관의 장에게 업무의 전환 등의 조치를 받을 수 있다.

③ 국가와 지방자치단체는 장기요양요원의 권리침해사실에 대한 직접수사권을 보유한 장기요양요원지원센터를 설치할 수 있다.

④ 장기요양요원에게 급여외행위를 제공할 것을 요구한 장기요양기관의 장에 대해서는 장기요양기관 지정취소를 명할 수 있다.

13. 다음 중 장기요양기관의 지정취소에 따른 특별자치시장·특별자치도지사·시장·군수·구청장의 조치사항으로 적절하지 않은 것은?

① 관할 시장·군수·구청장은 관할 특별시장·광역시장 또는 도지사를 거쳐 보건복지부장관에게 관할구역 내 장기요양기관의 지정취소사실을 통보해야 한다.

② 특별자치시장·특별자치도지사·시장·군수·구청장은 장기요양기관의 지정취소사실을 수급자와 그 보호자에게 우편 또는 정보통신망 등의 방법으로 통보해야 한다.

③ 특별자치시장·특별자치도지사·시장·군수·구청장은 장기요양기관의 지정취소가 있을 것임을 공단에 사전 통보해야 한다.

④ 특별자치시장·특별자치도지사·시장·군수·구청장 장기요양기관을 이용하는 수급자가 다른 장기요양기관을 선택하여 이용할 수 있도록 조치해야 한다.

14. 장기요양기관의 위반사실 공표에 대한 설명으로 옳지 않은 것은?

① 거짓으로 시설급여비용을 청구한 금액이 1,000만 원 이상인 장기요양기관은 위반사실 공표 대상이 될 수 있다.

② 특별자치시장 · 특별자치도지사 · 시장 · 군수 · 구청장은 공표를 심의하기 위한 공표심의위원회를 설치 · 운영할 수 있다.

③ 위반사실 공표는 위반사실, 처분내용뿐만 아니라 다른 장기요양기관과의 구별을 위해 장기요양기관의 명칭과 주소와 장기요양기관장의 성명까지 함께 공표된다.

④ 특별자치시장 · 특별자치도지사 · 시장 · 군수 · 구청장은 필요한 경우 위반사실 공표를 하기 전 청문을 실시할 수 있다.

15. 다음은 장기요양 부당청구에 가담한 장기요양종사자의 사례이다. 이에 대한 처분으로 옳지 않은 것을 고르면?

〈부당청구 가담종사자 처분사례〉

• A 사회복지사는 실제 서비스를 제공하지 않고 서비스를 제공한 것처럼 B 요양보호사 몰래 B 요양보호사 이름으로 급여제공기록지를 허위로 작성하여 급여비용을 청구하였다.

• B 요양보호사는 각각 다른 지방자치단체 관할 장기요양기관 두 개소에 소속되어 실제 서비스는 제공하지 않고 제공한 것처럼 급여제공기록지를 허위 작성하고 자격증을 빌려준 대가를 받는 등 부당청구에 적극 가담하였다.

• C 요양보호사는 주 2일만 서비스를 제공하고 나머지 3일은 서비스를 제공하지 않고 태그(RFID*)를 떼어 소지하고 다니면서 요양보호사 본인 집에서 태그(RFID) 전송 후 급여비용을 청구하였다.

* RFID(재가급여 전자관리시스템) : 서비스 제공시간을 실시간으로 전송하는 시스템

---

① 해당 장기요양종사자에게는 1년 이하의 장기요양급여 제공 제한처분과 더불어 500만 원 이하의 과태료가 부과된다.

② 해당 급여제공제한처분을 한 관할 지방자치단체장은 그 내용을 공단에 통보해야 한다.

③ 해당 장기요양종사자 소속 법인은 행위자의 처벌과 별도로 벌금 부과대상이 될 수 있다.

④ 관할 지방자치단체장은 해당 장기요양종사자의 장기요양급여 제공 제한처분에 대한 청문을 실시하여야 한다.

16. 장기요양급여의 월 한도액에 대한 설명으로 옳지 않은 것은?

① 장기요양급여의 월 한도액을 초과하는 급여비용은 수급자 본인이 전부 부담한다.

② 월 한도액을 초과하여 지급된 장기요양급여는 부당이득에 해당하여 공단이 이에 상당한 금액을 징수한다.

③ 장기요양인정신청서는 급여별 월 한도액을 감안하여 작성한다.

④ 장기요양급여의 월 한도액은 장기요양등급과 장기요양급여의 종류 등을 고려하여 산정한다.

17. 다음 장기요양위원회에 대한 설명으로 옳은 것은?

① 장기요양위원회는 보건복지부장관을 위원장으로 하여 위원장 1인과 위원 중에서 호선(互選)한 부위원장 1인을 포함한 16인 이상 22인 이하의 위원으로 구성한다.

② 농어업인단체의 대표는 장기요양위원회의 위원이 될 수 있다.

③ 장기요양위원회 위원의 임기는 위원이 공무원인 경우를 포함하여 3년으로 한다.

④ 장기요양위원회의 회의는 재적의원 과반수의 출석으로 개의하고 재적의원 과반수의 찬성으로 의결한다.

18. 다음 장기요양등급판정위원회에 대한 설명으로 옳은 것은?

① 국민건강보험공단은 「노인장기요양보험법」 제6조의2에 따라 장기요양등급판정위원회의 판정에 따라 장기요양급여를 받을 사람의 규모에 대한 조사를 정기적으로 실시하고 그 결과를 공표해야 한다.

② 서울특별시 소속 공무원은 서울시장에 의해 장기요양등급판정위원회의 위원으로 공단에 3년간 파견될 수 있다.

③ 장기요양등급판정위원회의 등급판정을 위해 의사소견서를 발급한 의사의 의견을 청취할 수 없는 대신, 위원회의 구성에는 반드시 의사 또는 한의사를 1인 이상 포함해야 한다.

④ 장기요양등급판정위원회의 위원 중 공무원이 아닌 사람이 장기요양등급판정에 관해 뇌물을 수수하여 적발된 경우 그 경우에 한하여 해당 위원은 공무원으로 본다.

19. 다음 「노인장기요양보험법」상 심사청구와 재심사청구의 절차에 관한 설명으로 옳지 않은 것은?

① 심사청구는 처분이 있음을 안 날로부터 90일, 처분이 있은 날로부터 180일 이내에 하여야 한다. 다만, 정당한 사유로 그 기간에 심사청구를 할 수 없었음을 증명한다면 그 기간이 지난 후에도 심사청구를 할 수 있다.

② 심사청구를 심사하기 위한 장기요양심사위원회를 국민건강보험공단에 둔다.

③ 심사청구에 대한 결정에 불복하는 사람은 결정통지를 받은 날로부터 90일 이내에 장기요양재심사위원회에 재심사를 청구할 수 있다. 다만, 정당한 사유로 그 기간에 심사청구를 할 수 없었음을 증명한다면 그 기간이 지난 후에도 재심사청구를 할 수 있다.

④ 재심사위원회는 위원장 1명을 포함한 20인 이내의 위원으로 구성된, 보건복지부장관 소속의 기관이다.

20. 다음 「국민건강보험법」 규정 중 「노인장기요양보험법」에서 준용하고 있지 않은 내용은?

① 공단이 가입자에게 보험료를 징수할 권리는 3년 동안 행사하지 않으면 시효완성으로 소멸한다(제91조 제1항 제1호).

② 공단은 보험급여를 받을 수 있는 사람이 업무 또는 공무로 생긴 질병 · 부상 · 재해로 다른 법령에 따른 보험급여나 보상(報償) 또는 보상(補償)을 받게 되는 경우에 해당하는 사람에게 보험급여를 하지 않는다(제53조 제1항 제4호).

③ 보험료는 가입자의 자격을 취득한 날이 속하는 달의 다음 달부터 가입자의 자격을 잃은 날의 전날이 속하는 달까지 징수한다(제69조 제2항).

④ 요양급여비용은 공단의 이사장과 대통령령으로 정하는 의약계를 대표하는 사람들의 계약으로 정한다(제45조 제1항).

노인장기요양보험법

1회 기출예상

2회 기출예상

3회 기출예상

4회 기출예상

5회 기출예상

01. 아래 ㉠ ~ ㉣에 들어갈 「노인장기요양보험법」상의 용어로 바르게 연결된 것은?

> • (㉠)(이)란 등급판정에 의해 6개월 이상 동안 혼자서 일상생활을 수행하기 어렵다고 인정되는 자에게 신체활동·가사활동의 지원 또는 간병 등의 서비스나 이에 갈음하여 지급하는 현금 등을 말한다.
> • (㉡)(이)란 장기요양보험료, 국가 및 지방자치단체의 부담금 등을 재원으로 하여 노인등에게 장기요양급여를 제공하는 사업을 말한다.
> • (㉢)(이)란 특별자치시장·특별자치도지사·시장·군수·구청장으로부터 지정을 받은 기관으로서 장기요양급여를 제공하는 기관을 말한다.
> • (㉣)(이)란 장기요양기관에 소속되어 노인 등의 신체활동 또는 가사활동 지원 등의 업무를 수행하는 자를 말한다.

	㉠	㉡	㉢	㉣
①	장기요양급여	복지용구사업	국민건강보험공단	요양보호사
②	장기요양급여	장기요양사업	장기요양기관	장기요양요원
③	특별현금급여	장기요양사업	국민건강보험공단	요양보호사
④	특별현금급여	복지용구사업	장기요양기관	장기요양요원

02. 다음 노인장기요양사업을 위한 국가 및 지방자치단체의 책무 등에 대한 설명으로 옳지 않은 것은?

① 국가와 지방자치단체는 장기요양급여의 제공을 위해 공단에 필요한 행정적·재정적 지원을 할 수 있다.

② 국가와 지방자치단체는 장기요양급여의 원활한 제공을 위해 가능한 최대한도의 장기요양기관의 설립을 확보할 의무를 진다.

③ 국가와 지방자치단체는 지역의 특성에 맞는 장기요양사업의 표준을 개발·보급할 수 있다.

④ 국가의 장기요양기본계획 시행은 노인뿐만 아니라 장애인 등 일상생활을 혼자서 수행하기 어려운 모든 국민을 대상으로 한다.

03. 다음 중 장기요양인정신청서의 신청자격을 충족하지 못한 경우는? (단, 제시된 경우의 내용 외의 조건은 모두 충족한 것으로 본다)

> ㉠ 노인장기요양보험에 가입하지 않은 의료급여수급권자
> ㉡ 도서 · 벽지 지역에 거주하여 의사소견서를 발급받지 못한 자
> ㉢ 치매환자인 신청인의 가족의 동의서를 받은 치매안심센터장

① ㉠   ② ㉢
③ ㉠, ㉡   ④ 없다.

04. 다음 중 장기요양인정을 신청하는 자가 첨부하는 의사소견서를 발급할 수 있는 사람은?

① 한의사   ② 물리치료사
③ 간호사   ④ 작업치료사

05. 다음 장기요양인정 신청 절차에 대한 설명으로 옳지 않은 것은?

① 장기요양신청을 신청하기 위해 제출한 장기요양인정신청서에 첨부해야 하는 의사소견서는 필요 시 장기요양등급판정위원회에 자료가 제출되기 전까지 이를 별도로 제출할 수 있다.

② 장기요양급여를 받고자 하는 자 또는 수급자가 신체적 · 정신적인 사유로 신청절차를 직접 수행할 수 없는 경우, 수급자 본인의 가족이나 친족 기타 이해관계인이 신청을 대리할 수 있다.

③ 장기요양인정신청서를 접수한 후 신청인의 심신 상태와 신청인에게 필요한 장기요양급여의 종류 및 내용의 조사에는 반드시 2명 이상의 국민건강보험공단 소속 직원의 참여를 요구한다.

④ 지리적 사정으로 국민건강보험공단이 자체적으로 직접 조사가 어려운 경우, 국민건강보험공단은 특별자치도 · 시 · 군 · 구에 해당 조사를 의뢰하거나 공동조사를 요청할 수 있다.

06. 다음 장기요양인정서와 개인별장기요양이용계획서에 대한 설명으로 옳은 것은?

① 장기요양인정서는 장기요양기관이 작성하여 수급자에게 송부한다.

② 개인별장기요양이용계획서는 수급자가 작성하여 장기요양기관에 제출한다.

③ 장기요양인정서의 작성에 수급자 가족의 욕구 및 선택을 반영해서는 안 된다.

④ 장기요양인정서에는 수급자의 장기요양등급과 제공받을 수 있는 장기급여의 종류 및 내용을 기재한다.

07. 다음 특별현금급여에 대한 설명으로 옳은 것은?

① 신체 · 정신적 이유로 대인과의 접촉을 기피하여 가족으로부터 장기요양을 받아야 함을 이유로 국민건강보험공단으로부터 특별현금급여로 가족요양비를 지급받을 수는 없다.

② 수급자가 장기요양기관이 아닌 노인요양시설 등의 기관 또는 시설에서 재가급여 또는 시설급여에 상당한 장기급여를 받은 경우 장기요양급여비용의 일부를 특별현금급여로 지급받을 수 있다.

③ 천재지변으로 인해 해당 지역의 장기요양기관의 이용이 어려워짐을 이유로 특별현금급여의 지급대상이 되지는 않는다.

④ 수급자가 장기요양기관이 아닌 종합병원에 입원한 경우에도 병원비의 일부를 요양병원간병비로 지급받을 수 있다.

08. 다음 장기요양기관의 지정에 대한 설명으로 옳은 것은?

① 의료기관이 아닌 자가 방문간호를 제공하는 장기요양기관을 설치할 경우 그 관리책임자인 의사를 두어야 한다.

② 장기요양기관을 지정한 공단은 지체 없이 그 명세를 특별자치시장 · 특별자치도지사 · 시장 · 군수 · 구청장에게 통보하여야 한다.

③ 장기요양기관의 지정을 받지 않고 장기요양기관을 운영한 경우 2년 이하의 징역 또는 2천만 원 이하의 벌금에 처한다.

④ 장기요양기관의 지정취소를 받은 자는 그 취소를 받은 후 10년 동안 장기요양기관의 지정을 받을 수 없다.

09. 다음 〈자료〉는 한 '데이케어센터'의 서비스 내용이다. 이에 해당하는 장기요양급여제도는?

자료

- 대상
  - 장기요양급여 수급자(1 ~ 5등급), 인지지원등급
  - 심신이 허약하거나 장애가 있어 주간 또는 야간 동안의 보호가 필요한 65세 이상의 어르신
- 내용

시간/요일	월	화	수	목	금	토
08 : 00	오전송영					오전송영
09 : 00	어르신 맞이 (출결파악 안부확인 Vital(활력징후)체크) & 오전간식					
11 : 00	도구체조 (외부강사)	목욕 (10 : 30) 미술활동	미술활동	매일체조& 현실감각 훈련	목욕 (10 : 30) 미술활동	미술활동/ 음악활동
12 : 00	중식					
13 : 00	휴식(담소, 명상, 음악감상 등)					
14 : 00	인지회상 훈련 (외부강사)	실버체조 (외부강사)	놀이활동	웃음치료 (외부강사)	음악치료 (외부강사)	인지활동/ 음악활동
15 : 00	오후간식					
15 : 10	음악활동	인지회상활동	음악활동 인지활동	음악활동 인지활동	사회적응 훈련	어르신 건강체조
16 : 10	오후 귀가 송영준비					

시간/요일	월	화	수	목	금
16 : 30	휴식(독서, TV시청, 명상, 음악감상 등)				
17 : 00	석식				
18 : 00	족욕 및 발 관리(수, 목)				
	인지회상훈련				사회적응훈련
18 : 40	저녁간식				
19 : 00	야간 귀가 준비 및 송영 1차, 2차				

① 방문요양

② 단기보호

③ 주·야간보호

④ 시설급여

10. 다음 중 장기요양기관의 의무 및 권한으로 옳은 것은?

① 어떠한 이유로도 수급자의 장기요양급여신청은 거부해서는 안 된다.

② 수급자가 부담해야 할 본인부담금을 임의로 감경할 수 있다.

③ 수급자가 생업의 지원을 요청할 경우 이를 성실히 이행해야 한다.

④ 영리를 목적으로 금전 등의 제공을 약속하는 방법으로 수급자에게 장기요양을 유인하는 행위를 하여서는 안 된다.

11. 장기요양기관장 B 씨는 기관 내 시설확장공사를 위해 자신이 운영하는 장기요양기관을 임시 휴업하고자 한다. 다음 중 B 씨가 취해야 할 조치사항으로 적절하지 않은 것은?

① B 씨는 휴업 예정일 전 30일까지 관할 지방자치단체장에게 해당 사실을 신고해야 한다.

② 만일 해당 장기요양기관을 이용하고 있는 수급자가 부담한 비용 중 정산할 비용이 있다면 이를 정산해야 한다.

③ 해당 장기요양기관의 인근에 대체 장기요양기관이 없다는 이유로 공단으로부터 휴업 철회 권고를 받은 B 씨는 공사계획을 다시 검토하기로 하였다.

④ B 씨는 휴업 예정일 전 공단의 허가를 받아 장기요양급여 제공 자료를 직접 보관하기로 하였다.

12. 다음 중 노인장기요양에 관한 특별자치시장 · 특별자치도지사 · 시장 · 군수 · 구청장의 권한에 해당하지 않는 것은?

① 각 특별자치시 · 특별자치도 · 시 · 군 · 구 단위 장기요양등급판정위원회의 설치 및 운영

② 장기요양기관의 지정갱신 신청에 대한 현장심사 실시명령

③ 장기요양기관의 사항에 관한 변경지정 및 변경신고의 수리

④ 장기요양기관이 거짓으로 1천만 원 이상의 시설급여비용을 청구한 이유로 지정취소처분이 확정된 경우 해당 장기요양기관의 명칭 · 주소의 공표

13. 다음 장기요양기관의 행정제재처분에 대한 설명으로 옳지 않은 것은?

① 행정제재처분을 받은 지 3년 이내에 해당 기관을 양도받은 양수인은 해당 행정제재처분의 효과를 승계한다.

② 행정제재처분을 받은 자가 장기요양기관 폐업 후 3년 이내에 같은 장소에서 그 배우자나 직계혈족이 장기요양기관을 설립한 경우, 해당 행정제재처분의 사실을 알지 못하였음을 증명하더라도 그 효과를 승계한다.

③ 장기요양기관이 거짓으로 시설급여를 청구하였다는 이유로 행정제재처분을 받은 경우, 그 청구금액에 따라 장기요양기관의 명칭 등의 내용을 공표할 수 있다.

④ 행정제재를 받은 법인이 합병되어 기존 법인이 소멸하더라도 행정처분의 효과는 신설된 법인에 승계되는 행정제재처분효과의 승계제도는 「노인장기요양보험법」에도 존재한다.

14. 다음이 설명하는 기관에 관한 내용으로 옳지 않은 것은?

> 1. 설치근거 : 「노인장기요양보험법」 제45조 ~ 제47조, 동법 시행령 제16조 ~ 제18조
> 2. 설치목적
>   노인장기요양보험제도의 가입자, 공급자 등 이해관계자들의 참여 하에 보험료율과 현금·현물 급여에 관한 사항을 심의
> 3. 구성
>   (1) 위원장 : 보건복지부차관
>   (2) 부위원장 : 위원장이 위원 중에서 지명
>   (3) 위원 : 16인 이상 22인 이하, 다음 (가) ~ (다)에 해당하는 자를 각각 동수로 구성
>   (가) 근로자단체, 사용자단체, 시민단체(비영리민간단체), 노인단체, 농어업인단체 또는 자영자단체를 대표하는 자
>   (나) 장기요양기관 또는 의료계를 대표하는 자
>   (다) 대통령령으로 정하는 관계 중앙행정기관의 고위공무원단 소속 공무원, 장기요양에 관한 학계 또는 연구계를 대표하는 자, 공단 이사장이 추천하는 자

① 국민건강보험종합계획 및 그 시행계획에 대한 사항을 심의한다.

② 특별현금급여의 지급기준에 대한 사항을 심의한다.

③ 공무원이 아닌 소속 위원의 임기는 3년이다.

④ 위원회의 효율적인 운영을 위해 각 분야별로 실무위원회를 둘 수 있다.

15. 다음 중 〈보기〉의 규정의 적용을 받는 사람을 모두 고르면?

> 보기
>
> 「형법」 제127조(공무상 비밀의 누설) 공무원 또는 공무원이었던 자가 법령에 의한 직무상 비밀을 누설한 때에는 2년 이하의 징역이나 금고 또는 5년 이하의 자격정지에 처한다.

> ㉠ 장기요양등급판정위원회 소속 위원인 의료인
> ㉡ 장기요양위원회 소속 위원인 비영리민간단체 대표
> ㉢ 보건복지부장관이 위촉한 재심사위원회 위원
> ㉣ 공표심의위원회 소속 위원인 법률전문가

① 없다.
② ㉢
③ ㉠, ㉡, ㉣
④ ㉠, ㉡, ㉢, ㉣

16. 국민건강보험공단 내 노인장기요양사업 관련 조직 구성에 대한 설명으로 옳지 않은 것은?

① 공단의 정관에 장기요양보험료와 장기요양급여에 관한 사항을 기재한다.
② 공단은 재가 및 시설급여비용에 대한 심의업무를 수행한다.
③ 공단은 장기요양사업에 대한 독립회계를 설치·운영하여야 한다.
④ 공단 내 국민건강보험과 장기요양보험의 가입자격관리는 동일한 부서에서 수행한다.

17. 등급판정위원회에 대한 설명으로 옳지 않은 것은?

① 등급판정위원회의 위원장은 보건복지부장관이 임명한다.
② 등급판정위원회는 특별자치시·특별자치도·시·군·구 단위로 설치하되, 인구수를 고려하여 둘 이상의 지역을 통합관할하도록 할 수 있다.
③ 공무원이 아닌 등급판정위원회의 위원 임기는 3년으로 한다.
④ 등급판정위원회의 회의는 과반수의 출석으로 개의하고 출석위원 과반수의 찬성으로 의결한다.

18. 다음 중 「노인장기요양보험법」상 심사청구에 대한 설명으로 옳지 않은 것은?

① 심사청구를 담당하는 장기요양심사위원회는 국민건강보험공단의 소속으로 한다.

② 심사청구는 그 처분이 있음을 안 날로부터 90일, 처분이 있은 날부터 180일 이내에 제기하여야 한다.

③ 재심사청구는 심사청구에 대한 불복절차이므로 반드시 심사청구의 절차를 거쳐야 한다.

④ 행정소송을 제기하기 위해서는 반드시 심사청구와 재심사청구의 절차를 거쳐야 한다.

19. 다음 내용과 그 기간과의 연결이 잘못된 것은?

> ㉠ 보건복지부장관의 장기요양기본계획 시행기간 → 5년
> ㉡ 부정하게 재가급여비용을 청구한 행위에 가담한 장기요양종사자의 급여제공정지처분 → 최대 2년
> ㉢ 장기요양기관 지정의 유효기간 → 지정일로부터 6년
> ㉣ 등급판정위원회의 장기요양등급판정기간 → 신청서 제출일로부터 최장 60일
> ㉤ 장기요양에 관한 공단의 처분에 대해 이의를 제기한 심사청구 결과에 불복하는 재심사청구 → 결정통지를 받은 날로부터 90일 이내

① ㉡

② ㉠, ㉢

③ ㉡, ㉣

④ ㉠, ㉣, ㉤

20. 다음 중 「노인장기요양보험법」상의 벌칙규정의 적용대상이 아닌 경우는?

① 수급자에게 장기요양급여명세서를 교부하지 않는 경우

② 장기요양기관 지정갱신신청권고에 응하지 않을 경우

③ 장기요양보험사업과 관련이 없는 '노인장기요양보험'이라는 이름의 사보험을 판매한 경우

④ 폐업할 장기요양기관의 장이 정당한 사유 없이 해당 기관의 수급자가 부담한 비용을 정산하지 않은 경우

노인장기요양보험법 1회 기출예상 2회 기출예상 3회 기출예상 4회 기출예상 5회 기출예상

Memo

미래를 창조하기에 꿈만큼 좋은 것은 없다.
오늘의 유토피아가 내일 현실이 될 수 있다.

**There is nothing like dream to create the future.
Utopia today, flesh and blood tomorrow.**

빅토르 위고 Victor Hugo

감독관
확인란

문번	답란
1	① ② ③ ④
2	① ② ③ ④
3	① ② ③ ④
4	① ② ③ ④
5	① ② ③ ④
6	① ② ③ ④
7	① ② ③ ④
8	① ② ③ ④
9	① ② ③ ④
10	① ② ③ ④

문번	답란
11	① ② ③ ④
12	① ② ③ ④
13	① ② ③ ④
14	① ② ③ ④
15	① ② ③ ④
16	① ② ③ ④
17	① ② ③ ④
18	① ② ③ ④
19	① ② ③ ④
20	① ② ③ ④

노인장기요양보험법

2회 기출예상문제

감독관
확인란

성명표기란

수험번호

(주민등록 앞자리 생년제외) 월일

수험생 유의사항

※ 답안은 반드시 컴퓨터용 사인펜으로 보기와 같이 바르게 표기해야 합니다.
〈보기〉 ① ② ③ ⑤
※ 성명표기란 위 칸에는 성명을 한글로 쓰고 아래 칸에는 성명을 정확하게 표기하십시오. (맨 왼쪽 칸부터 성과 이름은 붙여 씁니다)
※ 수험번호/월일 위 칸에는 아라비아 숫자로 쓰고 아래 칸에는 숫자와 일치하게 표기하십시오.
※ 월일은 반드시 본인 주민등록번호의 생년을 제외한 월 두 자리, 일 두 자리를 표기하십시오.
〈예〉 1994년 1월 12일 → 0112

문번	답란	문번	답란
1	① ② ③ ④	11	① ② ③ ④
2	① ② ③ ④	12	① ② ③ ④
3	① ② ③ ④	13	① ② ③ ④
4	① ② ③ ④	14	① ② ③ ④
5	① ② ③ ④	15	① ② ③ ④
6	① ② ③ ④	16	① ② ③ ④
7	① ② ③ ④	17	① ② ③ ④
8	① ② ③ ④	18	① ② ③ ④
9	① ② ③ ④	19	① ② ③ ④
10	① ② ③ ④	20	① ② ③ ④

노인장기요양보험법

3회 기출예상문제

감독관
확인란

성명표기란

수험번호

(주민등록 앞자리 생년제외) 월일

문번	답란
1	① ② ③ ④
2	① ② ③ ④
3	① ② ③ ④
4	① ② ③ ④
5	① ② ③ ④
6	① ② ③ ④
7	① ② ③ ④
8	① ② ③ ④
9	① ② ③ ④
10	① ② ③ ④

문번	답란
11	① ② ③ ④
12	① ② ③ ④
13	① ② ③ ④
14	① ② ③ ④
15	① ② ③ ④
16	① ② ③ ④
17	① ② ③ ④
18	① ② ③ ④
19	① ② ③ ④
20	① ② ③ ④

gosi.net (주)고시넷

노인장기요양보험법

4회 기출예상문제

문번	답란				문번	답란			
1	①	②	③	④	11	①	②	③	④
2	①	②	③	④	12	①	②	③	④
3	①	②	③	④	13	①	②	③	④
4	①	②	③	④	14	①	②	③	④
5	①	②	③	④	15	①	②	③	④
6	①	②	③	④	16	①	②	③	④
7	①	②	③	④	17	①	②	③	④
8	①	②	③	④	18	①	②	③	④
9	①	②	③	④	19	①	②	③	④
10	①	②	③	④	20	①	②	③	④

감독관 확인란

성명표기란

수험번호

(주민등록 앞자리 생년제외) 월일

수험생 유의사항

※ 답안은 반드시 컴퓨터용 사인펜으로 보기와 같이 바르게 표기해야 합니다.
  〈보기〉 ① ② ③ ❹ ⑤

※ 성명표기란 위 칸에는 성명을 한글로 쓰고 아래 칸에는 성명을 정확하게 표기하십시오. (맨 왼쪽 칸부터 성과 이름은 붙여 씁니다)

※ 수험번호/월일 위 칸에는 아라비아 숫자로 쓰고 아래 칸에는 숫자와 일치하게 표기하십시오.

※ 월일은 반드시 본인 주민등록번호의 생년을 제외한 월 두 자리, 일 두 자리를 표기하십시오.
  (예) 1994년 1월 12일 → 0112

문번	답란
1	① ② ③ ④
2	① ② ③ ④
3	① ② ③ ④
4	① ② ③ ④
5	① ② ③ ④
6	① ② ③ ④
7	① ② ③ ④
8	① ② ③ ④
9	① ② ③ ④
10	① ② ③ ④

문번	답란
11	① ② ③ ④
12	① ② ③ ④
13	① ② ③ ④
14	① ② ③ ④
15	① ② ③ ④
16	① ② ③ ④
17	① ② ③ ④
18	① ② ③ ④
19	① ② ③ ④
20	① ② ③ ④

노인장기요양보험법

기출예상문제_연습용

감독관 확인란

성명표기란

수험번호

주민등록 앞자리 생년제외) 월일

문번	답란	문번	답란
1	① ② ③ ④	11	① ② ③ ④
2	① ② ③ ④	12	① ② ③ ④
3	① ② ③ ④	13	① ② ③ ④
4	① ② ③ ④	14	① ② ③ ④
5	① ② ③ ④	15	① ② ③ ④
6	① ② ③ ④	16	① ② ③ ④
7	① ② ③ ④	17	① ② ③ ④
8	① ② ③ ④	18	① ② ③ ④
9	① ② ③ ④	19	① ② ③ ④
10	① ② ③ ④	20	① ② ③ ④

수험생 유의사항

※ 답안은 반드시 컴퓨터용 사인펜으로 보기와 같이 바르게 표기해야 합니다.
〈보기〉① ② ③ ❹ ⑤

※ 성명표기란 위 칸에는 성명을 한글로 쓰고 아래 칸에는 성명을 정확하게 표기하십시오. (맨 왼쪽 칸부터 성과 이름은 붙여 씁니다)

※ 수험번호/월일 위 칸에는 아라비아 숫자로 쓰고 아래 칸에는 숫자와 일치하게 표기하십시오.

※ 월일은 반드시 본인 주민등록번호의 생년을 제외한 월 두 자리, 일 두 자리를 표기하십시오.
〈예〉1994년 1월 12일 → 0112

gosinet
(주)고시넷

고용보건복지_NCS

SOC_NCS

금융_NCS

저마다의 일생에는,

특히 그 일생이 동터 오르는 여명기에는

모든 것을 결정짓는 한 순간이 있다.

그 순간을 다시 찾아내는 것은 어렵다.

그것은 다른 수많은 순간들의 퇴적 속에

깊이 묻혀있다.

- 장 그르니에, 섬 LES ILES

보험공단 | 직무시험(법률)

2022

고시넷

요양직

노인장기
요양보험법

조문요약 및 이론/빈출OX문제/기출예상문제

▷ 「노인장기요양보험법」(시행령 및 시행규칙 제외)
▷ 20문항/20분_5회 모의고사 수록

정답과 해설

gosinet
(주)고시넷

신개념 통합·선택 전공 수험서
직무수행능력평가

경제 · 경영 신이론과 최신기출
꼭 나오는 문제와 이론 빈출테마 ───

■ 676쪽　　■ 정가_30,000원

| 경제학 **한원용** 교수 |

고시넷 경제학 대표 강사

- 고려대학교 정경대학 경제학과 학사
- 고려대학교 대학원 경제학과 석사
- 고려대학교 대학원 경제학과 박사과정
- 고려대, 연세대, 숙명여대, 서울여대, 숙명여대, 서울여대, 성균관대, 한국외국어대, 성신여대, 카톨릭대, 중앙대_경제학 강의

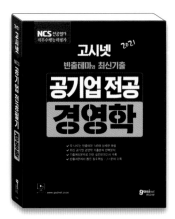

■ 752쪽　　■ 정가_30,000원

| 경영학 **김경진** 교수 |

고시넷 공기업 경영학 대표 강사

- 서울대학교 경영학과 경영학 석사, 재무관리 전공
- Texas Tech University, Master of Economics
- Washington University in St.Louis MBA
- 금융투자분석사, 재무위험관리사, 투자자산운용사, CFA 특강 교수

고시넷

요양직

노인장기
요양보험법

조문요약 및 이론/빈출OX문제/기출예상문제

▶ 「노인장기요양보험법」(시행령 및 시행규칙 제외)
▶ 20문항/20분_5회 모의고사 수록

정답과 해설

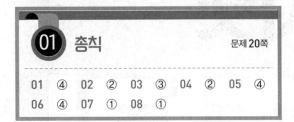

01 총칙

문제 20쪽

| 01 | ④ | 02 | ② | 03 | ③ | 04 | ② | 05 | ④ |
| 06 | ④ | 07 | ① | 08 | ① |

01

| 정답 | ④

| 해설 | 「노인장기요양보험법」은 고령이나 노인성 질병 등의 사유로 일상생활을 혼자서 수행하기 어려운 노인등에게 제공하는 신체활동 또는 가사활동 지원 등의 장기요양급여에 관한 사항을 규정하여 노후의 건강증진 및 생활안정을 도모하고 그 가족의 부담을 덜어줌으로써 국민의 삶의 질을 향상하도록 함을 목적으로 한다(법 제1조).

02

| 정답 | ②

| 해설 | "장기요양급여"란 6개월 이상 동안 혼자서 일상생활을 수행하기 어렵다고 인정되는 자에게 신체활동·가사활동의 지원 또는 간병 등의 서비스나 이에 갈음하여 지급하는 현금 등을 말한다(법 제2조 제2호).

03

| 정답 | ③

| 해설 | "장기요양요원"이란 장기요양기관에 소속되어 노인등의 신체활동 또는 가사활동 지원 등의 업무를 수행하는 자를 말한다(법 제2조 제5호).

04

| 정답 | ②

| 해설 | 장기요양급여는 노인등이 가족과 함께 생활하면서 가정에서 장기요양을 받는 재가급여를 우선적으로 제공하여야 한다(법 제3조 제3항).

05

| 정답 | ④

| 해설 | 보건복지부장관은 노인등에 대한 장기요양급여를 원활하게 제공하기 위하여 5년 단위로 장기요양기본계획을 수립·시행하여야 한다(법 제6조 제1항).

06

| 정답 | ④

| 해설 | 보건복지부장관이 노인등에 대한 장기요양급여를 원활하게 제공하기 위하여 수립·시행하는 장기요양기본계획은 다음의 사항을 포함한다(법 제6조 제1항).

1. 연도별 장기요양급여 대상인원 및 재원조달 계획
2. 연도별 장기요양기관 및 장기요양전문인력 관리 방안
3. 장기요양요원의 처우에 관한 사항
4. 그 밖에 노인등의 장기요양에 관한 사항으로서 대통령령으로 정하는 사항

07

| 정답 | ①

| 해설 | 보건복지부장관은 장기요양사업의 실태를 파악하기 위하여 3년마다 실태조사를 실시하고 그 결과를 공표하여야 한다(법 제6조의2 제1항).

www.gosinet.co.kr

노인장기요양보험법

1회 기출예상

2회 기출예상

3회 기출예상

4회 기출예상

5회 기출예상

08

|정답| ①

|해설| 장기요양사업의 실태를 파악하기 위해 실시하는 실태조사에는 다음의 사항을 포함한다(법 제6조의2 제1항).

1. 장기요양인정에 관한 사항
2. 장기요양등급판정위원회의 판정에 따라 장기요양급여를 받을 수급자의 규모, 그 급여의 수준 및 만족도에 관한 사항
3. 장기요양기관에 관한 사항
4. 장기요양요원의 근로조건, 처우 및 규모에 관한 사항

03

|정답| ①

|해설| 장기요양보험료율은 제45조에 따른 장기요양위원회의 심의를 거쳐 대통령령으로 정한다(법 제9조 제2항).

04

|정답| ②

|해설| 공단은 장애인 또는 이와 유사한 자로서 대통령령으로 정하는 자가 장기요양보험가입자 또는 그 피부양자인 경우, 수급자로 결정되지 못한 때 장기요양보험료의 전부 또는 일부를 감면할 수 있다(법 제10조).

02	장기요양보험			문제 24쪽
01 ③	02 ③	03 ①	04 ②	

01

|정답| ③

|해설| 1. 장기요양보험사업은 보건복지부장관이 관장한다(법 제7조 제1항).
2. 장기요양보험사업의 보험자는 국민건강보험공단으로 한다(법 제7조 제2항).
3. 장기요양보험의 가입자는 「국민건강보험법」 제5조 및 제109조에 따른 가입자로 한다(법 제7조 제3항).

02

|정답| ③

|해설| 장기요양보험료와 국민건강보험료는 구분하여 고지하여야 한다(법 제8조 제2항).

03	장기요양인정				문제 32쪽
01 ②	02 ①	03 ③	04 ①	05 ④	
06 ④	07 ②	08 ④	09 ④	10 ②	

01

|정답| ②

|해설| 장기요양인정을 신청할 수 있는 자는 「노인장기요양보험법」의 '노인등'에 해당하는 장기요양보험가입자 또는 그 피부양자와 의료급여수급권자이다(법 제12조).

02

|정답| ①

|해설| 장기요양인정의 신청인은 장기요양인정신청서에 의사 또는 한의사가 발급하는 소견서인 의사소견서를 첨부하여 제출하여야 한다. 다만 의사소견서는 국민건강보험공단이 등급판정위원회에 자료를 제출하기 전까지 제출할 수 있다(법 제13조 제1항).

03

|정답| ③

|해설| 공단은 장기요양인정 신청의 조사가 완료된 때 조사결과서, 신청서, 의사소견서 기타 심의에 필요한 자료를 등급판정위원회에 제출하여야 한다(법 제15조 제1항). 표준장기이용계획서는 등급판정이 완료된 후의 내용을 바탕으로 공단이 작성한다.

04

|정답| ①

|해설| ㉠ 공단은 장기요양인정 신청을 조사하는 경우 2명 이상의 소속 직원이 조사할 수 있도록 노력하여야 한다(법 제14조 제2항).

㉡ 공단 또는 조사를 의료받은 특별자치시·특별자치도·시·군·구는 조사를 완료한 때 조사결과서를 작성하여야 하며, 조사를 의뢰받은 특별자치시·특별자치도·시·군·구는 지체 없이 공단에 조사결과서를 송부하여야 한다(법 제14조 제4항).

05

|정답| ④

|해설| 등급판정위원회는 심의·판정을 하는 때 신청인과 그 가족, 의사소견서를 발급한 의사 등 관계인의 의견을 들을 수 있다(법 제15조 제3항).

06

|정답| ④

|해설| 등급판정위원회는 신청인이 신청서를 제출한 날부터 30일 이내에 제15조에 따른 장기요양등급판정을 완료하여야 한다(법 제16조 제1항).

07

|정답| ②

|해설| 장기요양인정의 유효기간은 최소 1년 이상으로서 대통령령으로 정한다(법 제19조 제1항).

08

|정답| ④

|해설| 장기요양인정의 갱신 신청은 유효기간이 만료되기 전 30일까지 이를 완료하여야 한다(법 제20조 제2항).

09

|정답| ④

|해설| 장기요양급여를 받고자 하는 자가 신체적·정신적인 사유로 이 법에 따른 장기요양인정의 신청을 직접 수행할 수 없을 때 본인의 가족이나 친족, 그 밖의 이해관계인은 이를 대리할 수 있다(법 제22조 제1항). 또한 사회복지전담공무원과 치매안심센터의 장(치매환자에 한함)은 수급자 본인 혹은 가족의 동의를 받아 그 신청을 대리할 수 있다(법 제22조 제2항).

10

|정답| ②

|해설| 공단은 장기요양인정서를 작성할 경우 장기요양급여의 종류 및 내용을 정하는 때 다음의 사항을 고려하여 정해야 한다(법 제18조).

1. 수급자의 장기요양등급 및 생활환경
2. 수급자와 그 가족의 욕구 및 선택
3. 시설급여를 제공하는 경우 장기요양기관이 운영하는 시설 현황

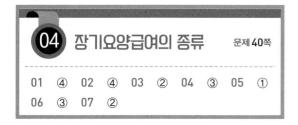

04 장기요양급여의 종류 문제 40쪽

| 01 | ④ | 02 | ④ | 03 | ② | 04 | ③ | 05 | ① |
| 06 | ③ | 07 | ② |

01

|정답| ④

|해설| 장기요양급여의 종류로는 재가급여, 시설급여, 특별현금급여가 있다(법 제23조 제1항).

02

|정답| ④

|해설| 재가급여의 종류로는 방문요양, 방문목욕, 방문간호, 주·야간보호, 단기보호, 기타재가급여가 있다(법 제23조 제1항 제1호).

03

|정답| ②

|해설| 특별현금급여에는 가족요양비, 특례요양비, 요양병원간병비가 있다(법 제23조 제1항 제3호).

04

|정답| ③

|해설| 방문간호란 장기요양요원인 간호사 등이 의사, 한의사 또는 치과의사의 지시서인 방문간호지시서에 따라 수급자의 가정 등을 방문하여 간호, 진료의 보조, 요양에 관한 상담 또는 구강위생 등을 제공하는 장기요양급여를 의미한다(법 제23조 제1항 제1호 다목).

05

|정답| ①

|해설| 공단은 수급자가 장기요양기관이 아닌 노인요양시설 등의 기관 또는 시설에서 재가급여 또는 시설급여에 상당한 장기요양급여를 받은 경우 대통령령으로 정하는 기준에 따라 해당 장기요양급여비용의 일부를 해당 수급자에게 특례요양비로 지급할 수 있다(법 제25조 제1항).

06

|정답| ③

|해설| 공단은 다음의 어느 하나에 해당하는 수급자가 가족 등으로부터 방문요양에 상당한 장기요양을 받은 때에는 해당 수급자에게 가족요양비를 지급할 수 있다(법 제24조 제1항).

1. 도서·벽지 등 장기요양기관이 현저히 부족한 지역으로서 보건복지부장관이 정하여 고시하는 지역에 거주하는 자

2. 천재지변이나 그 밖에 이와 유사한 사유로 인하여 장기요양기관이 제공하는 장기요양급여를 이용하기가 어렵다고 보건복지부장관이 인정하는 자

3. 신체·정신 또는 성격 등 대통령령으로 정하는 사유로 인하여 가족 등으로부터 장기요양을 받아야 하는 자

07

|정답| ②

|해설| 1. 시설급여 : 장기요양기관에 장기간 입소한 수급자에게 신체활동 지원 및 심신기능의 유지·향상을 위한 교육·훈련 등을 제공하는 장기요양급여(법 제23조 제1항 제2호)

2. 단기보호 : 수급자를 보건복지부령으로 정하는 범위 안에서 일정 기간 동안 장기요양기관에 보호하여 신체활동 지원 및 심신기능의 유지·향상을 위한 교육·훈련 등을 제공하는 장기요양급여(법 제23조 제1항 제1호 마목)

3. 주·야간급여 : 수급자를 하루 중 일정한 시간 동안 장기요양기관에 보호하여 신체활동 지원 및 심신기능의 유지·향상을 위한 교육·훈련 등을 제공하는 장기요양급여(법 제23조 제1항 제1호 라목)

노인장기요양보험법 / 1회 기출예상 / 2회 기출예상 / 3회 기출예상 / 4회 기출예상 / 5회 기출예상

01	①	02	③	03	④	04	②	05	③

01

| 정답 | ①

| 해설 | 수급자는 장기요양급여를 받으려면 장기요양기관에 장기요양인정서와 개인별장기요양이용계획서를 제시하여야 한다(법 제27조 제3항). 장기요양기관은 수급자가 제시한 장기요양인정서와 개인별장기요양이용계획서를 바탕으로 장기요양급여제공계획서를 작성하고 수급자의 동의를 받아 그 내용을 공단에 통보하여야 한다(법 제27조 제4항).

02

| 정답 | ③

| 해설 | 수급자는 장기요양인정서와 표준장기요양이용계획서가 도달한 날부터 장기요양급여를 받을 수 있다(법 제27조 제1항).

03

| 정답 | ④

| 해설 | 수급자 또는 장기요양기관은 장기요양급여를 제공받거나 제공할 경우 다음의 급여외행위를 요구하거나 제공하여서는 아니 된다(법 제28조의2 제1항).

1. 수급자의 가족만을 위한 행위
2. 수급자 또는 그 가족의 생업을 지원하는 행위
3. 그 밖에 수급자의 일상생활에 지장이 없는 행위

04

| 정답 | ②

| 해설 | 공단은 특별현금급여를 받는 수급자의 신청이 있는 경우에는 특별현금급여를 수급자 명의의 지정된 계좌(이하 "특별현금급여수급계좌"라 한다)로 입금하여야 한다(법 제

27조의2 제1항).

05

| 정답 | ③

| 해설 | 장기요양급여를 받으려는 수급자가 장기요양인정서 및 개인별장기요양이용계획서를 제시하지 못하는 경우, 장기요양기관은 공단에 전화나 인터넷 등을 통하여 그 자격 등을 확인할 수 있다(법 제27조 제3항).

01	④	02	①	03	③	04	③	05	②
06	②	07	④	08	③	09	③	10	①
11	①	12	①	13	②	14	③	15	④
16	④	17	④	18	②				

01

| 정답 | ④

| 해설 | 특별자치시장·특별자치도지사·시장·군수·구청장은 장기요양기관의 지정을 위해 다음 사항을 검토해야 하며, 공단에 관련 자료의 제출을 요청하거나 그 의견을 들을 수 있다(법 제31조 제3항).

1. 장기요양기관을 운영하려는 자의 장기요양급여 제공 이력
2. 장기요양기관을 운영하려는 자 및 그 기관에 종사하려는 자가 이 법, 「사회복지사업법」 또는 「노인복지법」 등 장기요양기관의 운영과 관련된 법에 따라 받은 행정처분의 내용
3. 장기요양기관의 운영계획
4. 해당 지역의 노인인구 수 및 장기요양급여 수요 등 지역 특성 (개정 2020. 3. 31.)
5. 그 밖에 특별자치시장·특별자치도지사·시장·군수·구청장이 장기요양기관으로 지정하는 데 필요하다고 인정하여 정하는 사항

02

| 정답 | ①

| 해설 | 재가급여를 제공하는 장기요양기관 중 의료기관이 아닌 자가 설치·운영하는 장기요양기관이 방문간호를 제공하는 경우에는 방문간호의 관리책임자로서 간호사를 둔다(법 제31조 제5항).

03

| 정답 | ③

| 해설 | 금고 이상의 실형을 선고받고 그 집행이 종료(집행이 종료된 것으로 보는 경우를 포함한다)되거나 집행이 면제된 날부터 5년이 경과되지 아니한 사람은 장기요양기관의 지정을 받을 수 없다(법 제32조의2 제5호).

04

| 정답 | ③

| 해설 | 장기요양기관 지정의 유효기간은 지정을 받은 날부터 6년으로 한다(법 제32조의3).

05

| 정답 | ②

| 해설 | 장기요양기관의 장은 장기요양기관 지정의 유효기간이 끝난 후에도 계속하여 그 지정을 유지하려는 경우에는 소재지를 관할구역으로 하는 특별자치시장·특별자치도지사·시장·군수·구청장에게 지정 유효기간이 끝나기 90일 전까지 지정 갱신을 신청하여야 한다(법 제32조의4 제1항).

06

| 정답 | ②

| 해설 | 장기요양기관은 종사자가 장기요양급여를 제공하는 과정에서 발생할 수 있는 수급자의 상해 등 법률상 손해를 배상하는 보험인 전문인 배상책임보험에 가입할 수 있다(법 제35조의5).

07

| 정답 | ④

| 해설 | 장기요양기관 중 대통령령으로 정하는 기관을 운영하는 자와 그 종사자는 인권에 관한 교육을 받아야 하며, 장기요양기관 중 대통령령으로 정하는 기관을 운영하는 자는 해당 기관을 이용하고 있는 장기요양급여 수급자에게 인권교육을 실시할 수 있다(법 제35조의3 제1항).

08

| 정답 | ③

| 해설 | 장기요양기관의 장은 폐업하거나 휴업하고자 하는 경우 폐업이나 휴업 예정일 전 30일까지 특별자치시장·특별자치도지사·시장·군수·구청장에게 신고하여야 한다(법 제36조 제1항).

09

| 정답 | ②

| 해설 | 보건복지부장관은 인권교육기관이 인권교육의 수행능력이 현저히 부족하다고 인정되는 경우 그 지정을 취소하거나 6개월 이내의 기간을 정하여 업무의 정지를 명할 수 있다(법 제35조의3 제4항 제3호).

10

| 정답 | ①

| 해설 | 특별자치시장·특별자치도지사·시장·군수·구청장은 장기요양기관 재무·회계기준을 위반한 장기요양기관에 대하여 6개월 이내의 범위에서 일정한 기간을 정하여 시정을 명할 수 있다(법 제36조의2).

11

| 정답 | ①

| 해설 | 장기요양기관의 장은 폐업·휴업 신고를 할 때 또는 장기요양기관의 지정 갱신을 하지 아니하여 유효기간이 만

노인장기요양보험법

1회 기출예상

2회 기출예상

3회 기출예상

4회 기출예상

5회 기출예상

료될 때 장기요양급여 제공 자료를 국민건강보험공단으로 이관하여야 한다. 다만, 휴업 신고를 하는 장기요양기관의 장이 휴업 예정일 전까지 국민건강보험공단의 허가를 받은 경우에는 장기요양급여 제공 자료를 직접 보관할 수 있다 (법 제36조).

12

| 정답 | ①

| 해설 | 장기요양기관이 업무정지가 아닌 반드시 지정취소 처분을 받는 위반행위는 다음과 같다(법 제37조 제1항).

1. 거짓이나 그 밖의 부정한 방법으로 지정을 받은 경우
2. 장기요양기관의 결격사유에 해당된 경우. 단, 법인의 경우 3개월 이내에 해당 대표자를 변경할 경우에는 그러하지 아니하다.
3. 폐업 또는 휴업 신고를 하지 않고 1년 이상 장기요양급여를 제공하지 않은 경우
4. 업무정지기간 중에 장기요양급여를 제공한 경우
5. 사업자등록 또는 고유번호가 말소된 경우

13

| 정답 | ②

| 해설 | 지정취소를 받은 후 3년이 지나지 아니한 자는 장기요양기관으로 지정받을 수 없다(법 제37조 제8항).

14

| 정답 | ③

| 해설 | 특별자치시장·특별자치도지사·시장·군수·구청장은 거짓이나 부정한 방법으로 재가 및 시설급여비용을 청구한 경우 등의 예외사항을 제외한 업무정지명령에 대해 이에 갈음하여 2억 원 이하의 과징금을 부과할 수 있다(법 제37조의2 제1항).

15

| 정답 | ④

| 해설 | 특별자치시장·특별자치도지사·시장·군수·구청장은 거짓이나 부정한 방법으로 재가 및 시설급여비용을 청구한 경우 업무정지명령을 갈음하여 거짓이나 그 밖의 부정한 방법으로 청구한 금액의 5배 이하의 금액을 과징금으로 부과할 수 있다(법 제37조의2 제2항).

16

| 정답 | ④

| 해설 | 장기요양기관이 거짓으로 재가·시설 급여비용을 청구하였다는 이유로 제37조 또는 제37조의2에 따른 처분이 확정된 경우 다음의 경우에는 그 위반사실 등을 공표할 수 있다(법 제37조의3 제1항).

1. 거짓으로 청구한 금액이 1천만 원 이상인 경우
2. 거짓으로 청구한 금액이 장기요양급여비용 총액의 100분의 10 이상인 경우

17

| 정답 | ④

| 해설 | 장기요양기관에 대한 행정제재처분은 그 처분이 있은 날로부터 3년간 다음의 어느 하나에 해당하는 자에게 승계된다(법 제37조의4 제1항).

1. 장기요양기관을 양도한 경우 양수인
2. 법인이 합병된 경우 합병으로 신설되거나 합병 후 존속하는 법인
3. 장기요양기관 폐업 후 같은 장소에서 장기요양기관을 운영하는 자 중 종전에 행정제재처분을 받은 자(법인인 경우 그 대표자를 포함한다)나 그 배우자 또는 직계혈족

18

| 정답 | ②

| 해설 | 특별자치시장·특별자치도지사·시장·군수·구청장은 장기요양기관의 종사자가 거짓이나 그 밖의 부정한 방법으로 재가급여비용 또는 시설급여비용을 청구하는 행위에 가담한 경우 해당 종사자가 장기요양급여를 제공하는 것을 1년의 범위에서 제한하는 처분을 할 수 있다(법 제37조의5 제1항).

07 재가 및 시설 급여비용 등 문제 74쪽

| 01 | ② | 02 | ① | 03 | ③ | 04 | ④ | 05 | ③ |
| 06 | ② | 07 | ④ |

01

| 정답 | ②

| 해설 | 장기요양급여비용을 심사한 결과 수급자가 이미 낸 본인부담금이 장기요양기관이 통보한 본인부담금보다 더 많으면 두 금액 간의 차액을 장기요양기관에 지급할 금액에서 공제하여 수급자에게 지급하여야 하며, 만일 수급자가 납부해야 할 장기요양보험료와 징수금이 있다면 이와 상계할 수 있다(법 제38조 제4항, 제5항).

02

| 정답 | ①

| 해설 | 재가 및 시설 급여비용과 특별현금급여의 지급금액은 급여종류 및 장기요양등급 등에 따라 장기요양위원회의 심의를 거쳐 보건복지부장관이 정하여 고시하며, 이때 국가 및 지방자치단체로부터 장기요양기관의 설립비용을 지원받았는지 여부 등을 고려할 수 있다(법 제39조 제1항, 제2항).

03

| 정답 | ③

| 해설 | 「의료급여법」에 따른 수급자가 아닌 자의 본인부담금은 재가급여는 해당 장기요양급여비용의 100분의 15, 시설급여는 100분의 20이다(법 제40조 제1항).

04

| 정답 | ④

| 해설 | 장기요양기관이 아닌 요양병원에 입원한 경우 장기요양에 사용되는 비용의 일부를 특별현금급여 중 요양병원간병비로 지급할 수 있다(법 제26조 제1항). 이 외의 선택

지는 모두 수급자 본인이 본인부담금으로 전부 부담해야 하는 비용에 해당한다(법 제40조 제2항).

05

| 정답 | ③

| 해설 | 다음의 어느 하나에 해당하는 자는 본인부담금의 100분의 60의 범위에서 보건복지부장관이 정하는 바에 따라 차등하여 감경할 수 있다(법 제40조 제3항).

1. 「의료급여법」 제3조 제1항 제2호부터 제9호까지의 규정에 따른 수급권자

2. 소득·재산 등이 보건복지부장관이 정하여 고시하는 일정 금액 이하인 자. 다만, 도서·벽지·농어촌 등의 지역에 거주하는 자에 대하여 따로 금액을 정할 수 있다.

3. 천재지변 등 보건복지부령으로 정하는 사유로 인하여 생계가 곤란한 자

06

| 정답 | ②

| 해설 | 공단은 장기요양급여를 받은 자 또는 장기요양급여비용을 받은 자가 다음의 어느 하나에 해당하는 경우 그 장기요양급여 또는 장기요양급여비용에 상당하는 금액을 징수한다(법 제43조 제1항).

1. 제15조 제4항의 경우에 해당하여 등급판정을 다시 한 경우

2. 월 한도액 범위를 초과하여 장기요양급여를 받은 경우

3. 장기요양급여의 제한 등을 받을 자가 장기요양급여를 받은 경우

4. 거짓이나 그 밖의 부정한 방법으로 재가 및 시설급여비용을 청구하여 이를 지급받은 경우

07

| 정답 | ④

| 해설 | 공단은 제3자의 행위로 인한 장기요양급여의 제공 사유가 발생하여 수급자에게 장기요양급여를 행한 때 그 급여에 사용된 비용의 한도 안에서 그 제3자에 대한 손해배상의 권리인 구상권을 얻는다(법 제44조 제1항).

노인장기요양보험법

1회 기출예상

2회 기출예상

3회 기출예상

4회 기출예상

5회 기출예상

08 장기요양위원회와 장기요양요원지원센터 문제 **80**쪽

| 01 | ① | 02 | ② | 03 | ③ | 04 | ③ | 05 | ④ |

01

| 정답 | ①

| 해설 | 장기요양위원회는 보건복지부장관 소속으로 한다(법 제45조).

02

| 정답 | ②

| 해설 | 장기요양위원회는 장기요양보험료율, 특별현금급여의 지급기준, 재가 및 시설급여비용, 그 밖에 대통령령으로 정하는 주요 사항을 심의한다(법 제45조).

03

| 정답 | ③

| 해설 | 장기요양위원회의 위원장은 보건복지부차관이 되고(법 제46조 제3항), 장기요양위원회 위원의 임기는 3년으로 한다(법 제46조 제4항).

04

| 정답 | ③

| 해설 | 국가와 지방자치단체는 장기요양요원의 권리를 보호하기 위하여 장기요양요원지원센터를 설치·운영할 수 있다(법 제47조의2 제1항).

05

| 정답 | ④

| 해설 | 장기요양요원지원센터는 장기요양요원의 권리 침해에 대한 상담 및 지원, 역량 강화를 위한 교육지원, 건강검진 등 건강관리를 위한 사업 등의 업무를 수행한다(법 제47조의2).

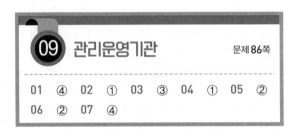

09 관리운영기관 문제 **86**쪽

| 01 | ④ | 02 | ① | 03 | ③ | 04 | ① | 05 | ② |
| 06 | ② | 07 | ④ |

01

| 정답 | ④

| 해설 | ㉠ 법 제48조 제2항 제2호
㉡ 법 제48조 제2항 제1호
㉢ 법 제48조 제2항 제6호
㉣ 법 제48조 제2항 제5호
㉤ 법 제48조 제2항 제8호

02

| 정답 | ①

| 해설 | 국민건강보험공단은 장기요양사업에 관하여 장기요양보험료, 장기요양급여, 장기요양사업에 관한 예산 및 결산, 그 밖에 대통령령으로 정하는 사항을 정관에 포함·기재한다(법 제48조 제4항).

03

| 정답 | ③

| 해설 | 등급판정회의 위원은 국민건강보험공단 이사장이 위촉하며, 그중에는 특별자치시장·특별자치도지사·시장

· 군수 · 구청장이 추천한 위원 7인과, 의사 또는 한의사가 1인 이상 각각 포함되어야 한다(법 제52조 제4항). 등급판정위원회의 임기는 3년으로 하되, 한 차례만 연임할 수 있다(법 제52조 제5항).

04

| 정답 | ①

| 해설 | 국민건강보험공단은 장기요양기관이 장기요양급여의 제공 기준 · 절차 · 방법 등에 따라 적정하게 장기요양급여를 제공하였는지 평가를 실시하고 그 결과를 공단의 홈페이지 등에 공표하는 등 필요한 조치를 할 수 있다(법 제54조 제2항).

05

| 정답 | ②

| 해설 | 공단은 장기요양사업 중 장기요양보험료를 재원으로 하는 사업과 국가 · 지방자치단체의 부담금을 재원으로 하는 사업의 재정을 구분하여 운영하여야 한다. 다만, 관리운영에 필요한 재정은 구분하여 운영하지 아니할 수 있다(법 제50조 제2항).

06

| 정답 | ②

| 해설 | 공단은 장기요양기관을 설치할 때 노인인구 및 지역 특성 등을 고려한 지역 간 불균형 해소를 고려하여야 하고, 설치 목적에 필요한 최소한의 범위에서 이를 설치 · 운영하여야 한다(법 제48조 제3항).

07

| 정답 | ④

| 해설 | 이 법에 규정된 이사장의 권한 중 급여의 제한, 보험료의 납입고지 등 대통령령으로 정하는 사항은 정관으로 정하는 바에 따라 분사무소의 장에게 위임할 수 있다(「국민건강보험법」 제32조)

10 심사청구 및 재심사청구 문제 92쪽

01 ① 02 ② 03 ③ 04 ① 05 ④

01

| 정답 | ①

| 해설 | 심사청구는 그 처분이 있음을 안 날부터 90일 이내에 문서(전자문서 포함)로 하여야 하며, 처분이 있은 날부터 180일을 경과하면 이를 제기하지 못한다(법 제55조 제2항).

02

| 정답 | ②

| 해설 | 장기요양심사위원회는 국민건강보험공단에 두고(법 제55조 제3항), 장기요양요원재심사위원회는 보건복지부장관 소속으로 둔다(법 제56조 제2항).

03

| 정답 | ③

| 해설 | 재심사위원회의 재심사에 관한 절차에 대해서는 「행정심판법」을 준용한다(법 제56조의2 제1항).

04

| 정답 | ①

| 해설 | 심사청구에 대한 결정에 불복하는 사람은 그 결정통지를 받은 날로부터 90일 이내에 장기요양재심사위원회에 재심사를 청구할 수 있다(법 제56조 제1항).

05

| 정답 | ④

| 해설 | 공단의 처분에 이의가 있는 자와 심사청구 또는 재심사청구에 대한 결정에 불복하는 자는 「행정소송법」으로 정하는 바에 따라 행정소송을 제기할 수 있다(법 제57조).

⑪ 보칙

문제 102쪽

| 01 | ④ | 02 | ③ | 03 | ④ | 04 | ② | 05 | ① |
| 06 | ④ | 07 | ③ | 08 | ③ | | | | |

01

| 정답 | ④

| 해설 | 국가는 매년 예산의 범위 안에서 해당 연도 장기요양보험료 예상수입액의 100분의 20에 상당하는 금액을 공단에 지원한다(법 제58조 제1항).

02

| 정답 | ③

| 해설 | 국가와 지방자치단체는 대통령령으로 정하는 바에 따라 의료급여수급권자의 장기요양급여비용, 의사소견서 발급비용, 방문간호지시서 발급비용 중 공단이 부담하여야 할 비용 및 관리운영비의 전액을 부담한다(법 제58조 제2항).

03

| 정답 | ④

| 해설 | 공단 및 장기요양기관은 장기요양기관의 지정신청, 재가ㆍ시설급여비용의 청구 및 지급, 장기요양기관의 재무ㆍ회계정보 처리 등에 대하여 전산매체 또는 전자문서교환방식을 이용하여야 한다(법 제59조 제2항).

04

| 정답 | ②

| 해설 | 보건복지부장관, 특별시장ㆍ광역시장ㆍ도지사 또는 특별자치시장ㆍ특별자치도지사ㆍ시장ㆍ군수ㆍ구청장은 보고 또는 자료제출 명령이나 질문 또는 검사 업무를 효율적으로 수행하기 위하여 필요한 경우에는 공단에 행정응원(行政應援)을 요청할 수 있다. 이 경우 공단은 특별한 사유가 없으면 이에 따라야 한다(법 제61조 제3항, 2020. 3. 31. 신설).

05

| 정답 | ①

| 해설 | 특별자치시장ㆍ특별자치도지사ㆍ시장ㆍ군수ㆍ구청장은 장기요양기관의 지정취소 또는 업무정지명령, 위반사실 등의 공표, 장기요양급여 제공의 제한처분에 대해서는 청문을 하여야 한다(법 제63조).

06

| 정답 | ④

| 해설 | 등급판정위원회, 장기요양위원회, 공표심의위원회, 심사위원회 및 재심사위원회 위원 중 공무원이 아닌 사람은 「형법」 제127조(공무상 비밀누설죄) 및 제129조부터 제132조(수뢰죄)까지의 규정을 적용할 때에는 공무원으로 본다(법 제66조의2). 한편 국민건강보험공단의 직원은 「국민건강보험법」 제28조에 따라 수뢰죄에 대해서는 공무원으로 의제되나, 비밀누설죄의 경우에는 공무원 의제가 적용되지 않는다.

07

| 정답 | ③

| 해설 | 공단은 징수 또는 반환하여야 할 금액이 1건당 1,000원 미만인 경우에는 징수 또는 반환하지 아니한다(법 제66조의3).

08

| 정답 | ③

| 해설 | 보건복지부장관, 특별시장ㆍ광역시장ㆍ도지사 또는 특별자치시장ㆍ특별자치도지사ㆍ시장ㆍ군수ㆍ구청장은 장기요양보험가입자, 피부양자, 의료급여수급권자에게 보수ㆍ소득 기타 보건복지부령으로 정하는 사항의 자료 제출을 명할 수 있고(법 제61조 제1항), 장기요양기관과 장기요양급여를 받은 자에게 장기요양급여에 관한 자료의 제출을 명할 수 있다(법 제61조 제2항). 한편 노인장기요양사업의 보험자는 국민건강보험공단으로(법 제7조 제2항) 여기에 해당되지 않는다.

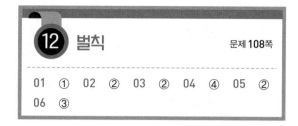

01

| 정답 | ①

| 해설 | 장기요양기관의 지정을 받지 않고 장기요양기관을 운영하거나, 거짓이나 그 밖의 부정한 방법으로 지정받은 자에 대해 2년 이하의 징역 또는 2천만 원 이하의 벌금에 처한다(법 제67조 제1항 제1호).

02

| 정답 | ②

| 해설 | 자료제출 명령에 따르지 아니하거나 거짓으로 자료 제출을 한 장기요양기관이나 질문 또는 검사를 거부 · 방해 또는 기피하거나 거짓으로 답변한 장기요양기관은 1천만 원 이하의 벌금에 처한다(법 제67조 제3항).

03

| 정답 | ②

| 해설 | 장기요양기관을 제외하고 자료제출 요구 · 명령에 따르지 아니하거나 거짓으로 보고 또는 자료제출을 한 자 나 질문 또는 검사를 거부 · 방해 또는 기피하거나 거짓으로 답변한 자는 500만 원 이하의 과태료를 부과한다(법 제 69조 제1항 제7호).

04

| 정답 | ④

| 해설 | 특별자치시 · 특별자치도 · 시 · 군 · 구, 공단, 등급 판정위원회 및 장기요양기관에 종사하고 있거나 종사한 자가 업무수행 중 알게 된 비밀을 누설한 경우 2년 이하의 징역 또는 2천만 원 이하의 벌금에 처한다(법 제67조 제1항 제5호).

05

| 정답 | ②

| 해설 | 법인의 대표자, 법인이나 개인의 대리인 · 사용인 및 그 밖의 종사자가 그 법인 또는 개인의 업무에 관하여 제67조에 해당하는 위반행위를 한 때에는 그 행위자를 벌하는 외에 그 법인 또는 개인에 대하여도 해당 조의 벌금형을 과한다(법 제68조).

06

| 정답 | ③

| 해설 | 과태료는 대통령령으로 정하는 바에 따라 관할 특별 자치시장 · 특별자치도지사 · 시장 · 군수 · 구청장이 부과 · 징수한다(법 제69조 제2항).

노인장기요양보험법

1회 기출예상

2회 기출예상

3회 기출예상

4회 기출예상

5회 기출예상

01

|정답| ③

|해설| 장기요양급여는 노인등의 심신상태 · 생활환경과 노인등 및 그 가족의 욕구 · 선택을 종합적으로 고려하여 필요한 범위 안에서 이를 적정하게 제공하여야 한다(법 제3조 제2항).

|오답풀이|

① 장기요양급여는 노인등이 가족과 함께 생활하면서 가정에서 장기요양을 받는 재가급여를 우선적으로 제공하여야 한다(법 제3조 제3항).

② 장기요양급여는 노인등의 심신상태나 건강 등이 악화되지 아니하도록 의료서비스와 연계하여 이를 제공하여야 한다(법 제3조 제4항).

④ 법 제3조 제1항

02

|정답| ①

|해설| 장기요양보험료는 국민건강보험료와 통합하여 징수한다. 다만 고지는 양자를 구분하여 고지하여야 한다(법 제8조 제2항).

|오답풀이|

② 법 제8조 제3항

③ 법 제9조 제2항

④ 공단은 공단의 조직 등에 관한 규정을 정할 때 건강보험사업을 수행하는 조직과 장기요양사업을 수행하는 조직

을 구분하여 따로 두어야 한다. 다만 장기요양보험의 자격관리와 보험료의 부과 · 징수 업무는 그러하지 아니한다(법 제49조). 실제로 장기요양보험료의 징수업무는 국민건강보험공단 내 보험료 징수업무를 총괄하는 통합징수실의 업무에 해당한다.

03

|정답| ④

|해설| 장기요양인정신청을 조사한 공단 또는 그 조사를 의뢰받은 특별자치시 · 특별자치도 · 시 · 군 · 구는 조사를 완료한 때 조사결과서를 작성하여야 한다. 이때 조사를 의뢰받은 특별자치시 · 특별자치도 · 시 · 군 · 구는 지체 없이 공단에 조사결과서를 송부하여야 한다(법 제14조 제4항).

|오답풀이|

① 지리적 사정 등으로 직접 조사하기 어려운 경우 또는 조사에 필요하다고 인정하는 경우 특별자치시 · 특별자치도 · 시 · 군 · 구에 대하여 조사를 의뢰하거나 공동으로 조사할 것을 요청할 수 있다(법 제14조 제1항).

② 법 제14조 제3항

③ 법 제14조 제1항 제2호

04

|정답| ④

|해설| 장기요양급여를 받고 있는 수급자는 장기요양등급, 장기요양급여의 종류 또는 내용을 변경하여 장기요양급여를 받고자 하는 경우 국민건강보험공단에 변경신청을 하여야 한다(법 제21조 제1항). 반드시 장기요양인정기간 갱신 시에만 등급변경을 신청할 수 있는 것은 아니다.

|오답풀이|

① 법 제19조 제1항

② 법 제17조 제2항

③ 법 제20조 제1항, 제2항

05

|정답| ③

| 해설 | 장기요양급여는 월 한도액 범위 내에서 제공한다(법 제28조 제1항).

| 오답풀이 |

① 수급자의 거주지에 따른 장기요양기관의 지역 제한은 없다.

② 수급자 또는 장기요양기관은 장기요양급여를 제공받거나 제공할 경우, 수급자의 가족만을 위한 행위 등 급여외행위를 요구하거나 제공하여서는 안 된다(법 제28조의2 제1항 제1호, 2019. 12. 12. 시행 신설규정).

④ 「노인장기요양보험법」은 「국민건강보험법」 제54조(급여의 정지)를 준용하여, 국외에 체류 중인 경우 그 기간에는 장기요양급여를 하지 아니한다(법 제30조).

보충 플러스+

「노인장기요양보험법」 개정 주요내용 (시행 2019. 12. 12.)
나. 급여외행위 제공·제공요구 금지 및 위반 시 제재 규정 마련(제28조의2 및 제37조 제1항 제1호의2 신설)
수급자가 본인 가족 또는 생업을 지원하는 행위 등 장기요양급여가 아닌 행위(급여외행위)의 제공을 요구하거나 장기요양기관이 이를 제공하는 행위를 금지하고, 이를 위반할 경우 장기요양기관 지정 취소 또는 업무정지를 명할 수 있도록 함.

06

| 정답 | ④

| 해설 | 문제의 물품 목록은 「복지용구 급여범위 및 급여기준에 관한 고시」 제2조 제2항에서 규정하고 있는 복지용구의 목록이다. 장기요양급여 중 수급자에게 복지용구를 제공하거나 대여하는 방식으로 제공하는 장기요양급여는 기타재가급여에 해당한다(법 제23조 제1항 제1호 바목).

07

| 정답 | ①

| 해설 | 장기요양기관의 지정은 소재지를 관할 구역으로 하는 특별자치시장·특별자치도지사·시장·군수·구청장의 권한에 해당한다(법 제31조 제1항).

| 오답풀이 |

② 법 제31조 제3항 제2호

③ 법 제31조 제1항

④ 법 제31조 제5항

08

| 정답 | ③

| 해설 | 파산선고를 받고 복권되지 아니한 사람은 장기요양기관의 지정결격사유에 해당한다(법 제32조의2 제4호). 즉 파산선고를 받은 후 복권된 사람은 장기요양기관의 지정을 받을 수 있다.

| 오답풀이 |

① 미성년자, 피성년후견인 또는 피한정후견인은 장기요양기관의 지정결격사유에 해당한다(법 제32조의2 제1호).

② 법 제32조의2 제3호

④ 금고 이상의 실형을 선고받고 그 집행이 종료되거나 면제된 날로부터 5년이 경과되지 아니한 사람은 장기요양기관의 지정결격사유에 해당한다(법 제32조의2 제5호).

09

| 정답 | ①

| 해설 | 국가와 지방자치단체는 장기요양요원의 권리를 보호하기 위하여 장기요양요원지원센터를 설치·운영할 수 있다(법 제47조의2 제1항).

| 오답풀이 |

② 장기요양요원에게 급여외행위의 제공을 요구하거나 수급자가 부담하여야 할 본인부담금의 전부 또는 일부를 부담하도록 요구하는 행위(법 제35조의4 제2항)를 한 경우 그 지정을 취소하거나 6개월의 범위에서 업무정지를 명할 수 있으며(법 제37조 제1항 제3호의4), 500만 원 이하의 과태료를 부과할 수 있다(법 제69조 제1항 제3호의2).

③ 법 제35조의4 제1항 제1호

④ 장기요양기관은 지급받은 장기요양급여비용 중 보건복지부장관이 정하여 고시하는 비율에 따라 그 일부를 장기요양요원에 대한 인건비로 지출하여야 한다(법 제38조 제6항).

노인장기요양보험법

1회 기출예상

2회 기출예상

3회 기출예상

4회 기출예상

5회 기출예상

10

|정답| ③

|해설| 장기요양기관은 종사자가 장기요양급여를 제공하는 과정에서 발생할 수 있는 수급자의 상해 등 법률상 손해를 배상하는 보험인 전문인 배상책임보험에 가입할 수 있다(법 제35조의5 제1항).

또한 국민건강보험공단은 장기요양기관이 전문인 배상책임보험에 가입하지 않은 경우 그 기간 동안 해당 장기요양기관에 지급하는 장기요양급여비용의 일부를 감액할 수 있다(법 제35조의5 제2항).

11

|정답| ②

|해설| 양수인이 양수 당시 장기요양기관의 행정제재처분 사실을 알지 못하였음을 증명할 경우 해당 행정제재처분은 승계되지 않는다(법 제37조의4 제3항).

|오답풀이|

①, ④ 장기요양기관에 대한 행정제재처분은 그 처분을 한 날로부터 3년 이내에 기관을 양도받은 양수인에게 그 효과가 승계된다(법 제37조의4 제1항 제1호).

③ 양도인은 양도 당시 행정제재처분을 받은 사실을 양수인에게 지체 없이 알려야 하며(법 제37조의4 제4항), 그러지 않은 경우 500만 원 이하의 과태료를 부과한다(법 제69조 제1항 제4호의2).

12

|정답| ①

|해설| 원칙상 장기요양급여비용 전체의 100분의 15는 본인부담으로 한다(법 제40조 제1항 제1호). 한편 급여의 월 한도액을 초과한 장기요양급여는 수급자 본인이 전부 부담하며(법 제40조 제2항 제3호) 공단이 지급한 한도초과분은 징수대상에 해당한다(법 제43조 제1항 제3호).

|오답풀이|

② 법 제40조 제3항 제1호

③ 법 제40조 제1항 제2호

④ 법 제40조 제2항 제1호

13

|정답| ③

|해설| 국민건강보험공단은 거짓이나 그 밖의 부정한 방법으로 장기요양급여를 받은 자와 같은 세대에 속한 자(장기요양급여를 받은 자를 부양하고 있거나 다른 법령에 따라 장기요양급여를 받은 자를 부양할 의무가 있는 자를 말한다)에 대하여 거짓이나 그 밖의 부정한 방법으로 장기요양급여를 받은 자와 연대하여 징수금을 납부하게 할 수 있다(법 제43조 제3항).

|오답풀이|

① 법 제43조 제1항 제2호

② 법 제43조 제2항

④ 법 제43조 제4항

제38조 제4항, 제5항	제43조 제4항
급여비용 청구 후 국민건강보험공단 심사과정에서	급여비용 지급 후
본인부담금이 국민건강보험공단이 통보한 금액보다 더 많은 경우	기관이 거짓이나 그 밖의 부당한 방법으로 받은 장기요양급여 적발 시
차액만큼 장기요양기관에 지급예정인 급여비용에서 공제	부당이득 회수
국민건강보험공단이 수급자에게 다시 지급	

14

|정답| ②

|해설| 국민건강보험공단은 장기요양사업 중 장기요양보험료를 재원으로 하는 사업과 국가 · 지방자치단체의 부담금을 재원으로 하는 사업의 재정을 구분하여 운영하여야 한다. 다만, 관리운영에 필요한 재정은 구분하여 운영하지 아니할 수 있다(법 제50조 제2항).

|오답풀이|

① 법 제49조

③ 법 제51조 (「국민건강보험법」 제38조 제1항 준용)

④ 법 제48조 제4항

15

| 정답 | ④

| 해설 | ㉠ 장기요양급여를 받으려는 수급자가 장기요양인
정서 및 표준장기요양인정서를 제시하지 못하는 경우
장기요양기관은 공단에 전화나 인터넷 등을 통하여 그
자격 등을 확인할 수 있다(법 제27조 제3항).

㉡ 장기요양기관은 장기요양기관별 급여의 내용, 시설·인
력 등 현황자료 등을 공단이 운영하는 인터넷 홈페이지
에 게시하여야 한다(법 제34조 제1항).

㉢ 공단은 장기요양기관이 장기요양급여의 제공 기준·절
차·방법 등에 따라 적정하게 장기요양급여를 제공하였는
지 평가를 실시하고 그 결과를 공단의 홈페이지 등에 공
표하는 등 필요한 조치를 할 수 있다(법 제54조 제2항).

16

| 정답 | ③

| 해설 | 재심사청구 사항에 대한 재심사위원회의 재심사를
거친 경우에는 「행정심판법」에 따른 행정심판을 청구할 수
없다(법 제56조의2 제2항).

| 오답풀이 |

① ㉠에 들어갈 절차는 행정소송으로, 공단의 처분에 이의
가 있는 자와 심사청구 또는 재심사청구에 대한 결정에
불복하는 자는 행정소송을 제기할 수 있다(법 제57조).
즉 심사청구나 재심사청구를 거치지 않고 바로 행정소
송을 제기할 수도 있다.

② ㉡에 들어갈 기관은 장기요양심사위원회로, 공단 소속
으로 한다(법 제55조 제3항).

④ 심사청구는 처분이 있음을 날로부터 90일 이내에 문서
로 하여야 하며, 처분이 있음을 안 날로부터 180일을
경과하면 이를 제기하지 못한다(법 제55조 제2항).

17

| 정답 | ④

| 해설 | 국가와 지방자치단체는 대통령령으로 정하는 바에
따라 의료급여수급권자의 장기요양급여비용, 의사소견서 발
급비용, 방문간호지시서 발급비용 중 공단이 부담하여야 할
비용 및 관리운영비의 전액을 부담한다(법 제58조 제2항).

18

| 정답 | ③

| 해설 | 「행정조사기본법」에 따른 검사절차를 따를 것을 요
구하는 경우는 행정기관인 보건복지부장관 또는 특별자치
시장·특별자치도지사·시장·군수·구청장의 검사절차에
해당한다(법 제61조 제5항).

| 오답풀이 |

① 법 제61조 제1항 제1호

② 법 제61조 제2항 제1호

④ 법 제69조 제1항 제7호

보충 플러스+

장기요양기관의 자료제출 불응 등의 경우의 처벌기준 강화
(2020. 10. 1. 시행)
장기요양기관의 경우에 한해 제61조 제2항에 따른 자료제출
명령에 따르지 아니하거나 거짓으로 자료제출을 한 장기요
양기관이나 질문 또는 검사를 거부·방해 또는 기피하거나
거짓으로 답변할 경우 500만 원 이하의 과태료에서 1천만 원
이하의 벌금에 처할 수 있도록 그 처벌규정이 강화되었다.

19

| 정답 | ④

| 해설 | 제62조의2(유사명칭의 사용금지)를 위반하여 노
인장기요양보험 또는 이와 유사한 용어를 사용한 자에게
는 500만 원 이하의 과태료가 부과된다(법 제69조 제1항
제9호).

| 오답풀이 |

과태료는 대통령령으로 정하는 바에 따라 관할 특별자치시
장·특별자치도지사·시장·군수·구청장이 부과·징수한
다(제69조 제2항). 선택지 ① ~ ③은 보건복지부장관이 과
태료를 부과·징수한다고 규정한 구 「노인장기요양보험법」
제70조의 내용으로, 해당 규정은 2013. 8. 13. 개정으로
삭제되었다.

보충 플러스+

비송사건(非訟事件)
소송사건이 아닌 사건, 법원의 소송절차로 처리하지 않고 행
정관청이 법원의 감독하에 심판하는 사건을 의미한다.

노인장기요양보험법

1회 기출예상

2회 기출예상

3회 기출예상

4회 기출예상

5회 기출예상

20

|정답| ②

|해설| 장기요양급여를 받을 권리는 양도 또는 압류하거나 담보로 제공할 수 없다(법 제66조 제1항).

2회 기출예상문제　　문제 120쪽

01	①	02	①	03	③	04	②	05	②
06	④	07	①	08	①	09	①	10	①
11	③	12	④	13	④	14	①	15	②
16	④	17	②	18	②	19	③	20	①

01

|정답| ①

|해설| 「노인장기요양보험법」상 "장기요양급여"란 6개월 이상 혼자서 일상생활이 어렵다고 인정되는 자에게 제공되는 지원 또는 간병 등의 서비스 혹은 이에 갈음하여 지급하는 현금을 의미한다(법 제2조 제2호).

|오답풀이|

② 법 제2조 제1호

③ 법 제6조

④ 법 제4조 제4항, 제5조

02

|정답| ①

|해설| 장기요양요원은 장기요양기관에 소속되어 노인 등의 신체활동 또는 가사활동 지원 등의 업무를 수행하는 자를 말한다(법 제2조 제5호).

|오답풀이|

② 법 제4조 제5항

③ 법 제6조 제3호

④ 법 제6조의2 제1항 제4호

03

|정답| ③

|해설| 국가유공자는 「국민건강보험법」 제75조에 따라 국민건강보험료를 경감받을 수 있으나, 장기요양보험료의 직접적인 감면사유에는 해당하지 않는다.

| 오답풀이 |

① 법 제9조 제2항

② 법 제46조 제3항

④ 「장애인복지법」에 따라 등록된 장애인이나 그와 유사한 자로 대통령령으로 정하는 자가 장기요양보험가입자 또는 그 피부양자인 경우, 만일 장기요양인정의 등급판정에서 수급자로 결정되지 못한 경우에는 장기요양보험료의 전부 또는 일부를 감면할 수 있다(법 제10조).

04

| 정답 | ②

| 해설 | 개인별장기요양이용계획서는 등급판정위원회의 등급판정 이후 장기요양인정서와 함께 공단이 작성하여 신청인에게 송부하여야 한다(법 제17조 제3항).

| 오답풀이 |

① 법 제13조 제1항

③ 법 제17조 제1항

④ 법 제27조 제4항

05

| 정답 | ②

| 해설 | 방문간호는 장기요양요원인 간호사가 수급자의 가정 등을 방문해서 의료 관련 급여를 제공하는 장기요양급여이다(법 제23조 제1항 제1호 다목).

| 오답풀이 |

① 시설급여는 장기요양기관에 장기간 입소한 수급자를 대상으로 지급하는 장기요양급여이다(법 제23조 제1항 제2호).

③ 단기보호는 수급자가 보건복지부령으로 정하는 일정 기간 동안 장기요양기관에 보호하여 신체활동 지원 등을 위한 교육·훈련 등을 제공하는 장기요양급여이다(법 제23조 제1항 제1호 마목).

④ 주·야간보호는 수급자를 하루 중 일정한 시간 동안 장기요양기간에 보호하여 신체활동 지원 등을 위한 교육·훈련 등을 제공하는 장기요양급여이다(법 제23조 제1항 제1호 라목).

06

| 정답 | ④

| 해설 | 특별자치시장·특별자치도지사·시장·군수·구청장의 지정으로 장기요양인정 신청 등을 대리하는 경우 신청자 가족의 동의를 별도로 요구하지 않는다(법 제22조 제3항).

| 오답풀이 |

② 법 제22조 제1항   ③ 법 제22조 제3항

07

| 정답 | ①

| 해설 | 장기요양급여 수급자의 신체·정신 또는 성격상 이유로 가족 등으로부터 장기요양을 받아야 하는 경우, 해당 수급자는 가족 등으로부터 방문요양에 상당한 장기요양급여를 제공받고 특별현금급여인 가족요양비를 지급받을 수 있다(법 제24조 제1항 제3호).

08

| 정답 | ①

| 해설 | 장기요양급여는 일상생활을 혼자서 수행하기 어려운 노인 등에게 제공되는 신체활동 또는 가사활동의 지원으로(법 제1조), 수급자의 일상생활에 지장이 없는 행위에 대한 지원은 급여외행위에 해당하여 제공이 금지된다(법 제28조의2 제1항 제3호).

| 오답풀이 |

② 장기요양기관의 장은 장기요양요원으로 하여금 급여외행위의 제공을 요구하여서는 안 된다(법 제35조의4 제2항 제1호).

③ 법 제28조의2 제1항 제1호

④ 법 제28조의2 제1항 제2호

09

| 정답 | ①

| 해설 | 장기요양기관 지정의 갱신 신청은 유효기간 만료 90일 전까지 이를 완료하여야 한다(법 제32조의4 제1항). 한

편 장기요양수급자의 장기요양인정의 갱신 신청은 유효기간 만료 30일 전까지 완료하여야 한다(법 제20조 제2항).

| 오답풀이 |

② 법 제32조의4 제3항

③ 법 제37조 제1항 제3호의5

④ 법 제37조 제1항 제3호의3

10

| 정답 | ①

| 해설 | 인권교육기관은 보건복지부장관의 승인을 받아 인권교육에 필요한 비용을 교육대상자로부터 징수할 수 있다(법 제35조의3 제3항).

| 오답풀이 |

② 법 제35조의3 제3항

③ 법 제35조의3 제4항 제3호

④ 법 제35조의3 제4항 제1호

11

| 정답 | ③

| 해설 | 요양기관의 행정제재처분의 효력은 해당 기관을 합병한 법인에게 승계된다(법 제37조의4 제1항 제2호). 다만 합병을 한 법인이 해당 행정제재처분에 관한 사실을 몰랐음을 증명하는 경우에는 그러하지 아니하다(법 제37조의4 제3항). 즉, 업무정지 중인 요양기관은 장기요양급여를 제공할 수 없다.

| 오답풀이 |

① 업무정지기간 중 장기요양급여의 제공은 장기요양기관 지정취소사유에 해당한다(법 제37조 제1항 제7호).

② 법 제37조의2 제2항

④ 법 제37조의4 제4항

12

| 정답 | ④

| 해설 | 국민건강보험공단은 장기요양급여비용을 심사한 결과 수급자가 이미 낸 본인부담금이 통보한 본인부담금보다

더 많으면 두 금액 간의 차액을 장기요양기관에 지급할 금액에서 공제하여 수급자에게 지급하여야 한다(법 제38조 제4항). 이때 수급자에게 지급하여야 하는 금액은 그 수급자가 납부하여야 하는 장기요양보험료 및 「노인장기요양보험법」에 따른 징수금과 상계(相計)할 수 있다(법 제38조 제5항).

| 오답풀이 |

① 법 제40조 제1항, 제3항

② 법 제40조 제2항 제2호

③ 법 제41조 제1항

보충 플러스+

상계(相計)
채무자에게 같은 종류의 채권이 생긴 경우, 그 채권으로 본인 채무의 일부 또는 전부를 소멸시키는 것

13

| 정답 | ④

| 해설 | 장기요양기관이 수급자로부터 거짓이나 그 밖의 부정한 방법으로 장기요양급여비용을 받은 경우 공단이 직접 이를 징수하여 지체없이 수급자에게 지급해야 한다(법 제43조 제4항).

| 오답풀이 |

① 법 제43조 제1항 제2호

② 법 제43조 제3항

③ 법 제43조 제2항

14

| 정답 | ①

| 해설 | 장기요양위원회는 노인장기요양에 관한 비용에 관한 보건복지부장관 소속의 심의기관으로 장기요양보험료율과 가족요양비·특례요양비·요양병원간병비의 지급기준, 재가 및 시설급여비용 등에 대한 심의업무 등을 담당한다.

| 오답풀이 |

ㄷ. 장기요양요원지원센터의 업무에 해당한다(법 제47조의2 제2항 제1호).

ㅁ. 장기요양사업의 관리운영기관인 국민건강보험공단의 업무에 해당한다(법 제48조 제2항 제4호).

15

| 정답 | ②

| 해설 | 장기요양보험가입자 및 피부양자와 의료급여수급권자의 자격관리 및 장기요양보험료의 부과·징수에 관한 업무에 대해서는 공단 내 건강보험사업을 수행하는 조직과 통합하여 운영할 수 있다(법 제49조). 실제로 장기요양보험가입자와 건강보험가입자의 자격관리에 관한 사항은 모두 국민건강보험공단 자격부과실이 담당하고 있다.

| 오답풀이 |

① 공단은 장기요양기관이 장기요양급여의 제공 기준·절차·방법 등에 따라 적정하게 장기요양급여를 제공하였는지 평가를 실시하고(법 제54조 제2항), 그 급여평가 결과에 따라 장기요양급여비용을 가산 또는 감액조정하여 지급할 수 있다(법 제38조 제3항).

③ 법 제48조 제4항 제3호

④ 법 제50조 제1항

16

| 정답 | ④

| 해설 | 국민건강보험공단의 처분에 이의가 있는 자와 심사청구 (㉠) 또는 재심사청구(㉡)에 대한 결정에 불복하는 자는 「행정소송법」으로 정하는 바에 따라 행정소송 (㉢)을 제기할 수 있다(법 제57조). 즉 심사청구에 대한 불복으로 재심사청구를 거치지 않고 바로 행정소송을 제기할 수도 있다.

| 오답풀이 |

③ 심사청구에 대한 결정에 불복하는 사람은 그 결정통지를 받은 날부터 90일 이내에 장기요양재심사위원회에 재심사를 청구할 수 있다(법 제56조 제1항). 즉 재심사청구는 심사청구에 대한 불복으로만 가능하다.

17

| 정답 | ②

| 해설 | 공단 및 장기요양기관은 장기요양기관의 지정신청, 재가·시설 급여비용의 청구 및 지급, 장기요양기관의 재무·회계정보 처리 등에 대하여 전산매체 또는 전자문서교환방식을 이용하여야 한다(법 제59조 제2항). 다만 정보통신망 및 정보통신서비스 시설이 열악한 지역의 경우 전자문서·전산매체 또는 전자문서교환방식을 이용하지 아니할 수 있다(법 제59조 제3항).

| 오답풀이 |

① 법 제59조 제1항

③ 법 제55조 제2항

보충 플러스+

전자문서(「전자정부법」 제2조)
"전자문서"란 컴퓨터 등 정보처리능력을 지닌 장치에 의하여 전자적인 형태로 작성되어 송수신되거나 저장되는 표준화된 정보를 말한다.

18

| 정답 | ②

| 해설 | 공무원만이 임명될 수 있는 직위를 찾는 문제이다.

㉡ 장기요양위원회의 위원장은 보건복지부차관이 된다(법 제46조 제3항).

| 오답풀이 |

㉠ 장기요양등급판정위원회의 위원장은 국민건강보험공단 이사장이 위촉한 장기요양등급판정위원회의 위원 중 특별자치시장·특별자치도지사·시장·군수·구청장이 위촉한다(법 제52조 제4항, 제53조 제1항). 장기요양등급판정위원회의 위원은 의료인, 사회복지사, 특별자치시·특별자치도·시·군·구 소속 공무원, 기타 그 밖에 법학 또는 장기요양에 관한 학식과 경험이 풍부한 자로 구성된다(법 제52조 제4항).

㉢ 장기요양위원회의 부위원장은 장기요양위원회의 위원 중 위원장이 지명하며(법 제46조 제3항), 장기요양위원회의 위원은 고위공무원단 소속 공무원뿐만 아니라 근로자단체, 사용자단체, 시민단체(비영리민간단체), 의료계를 대표하는 자 등 공무원이 아닌 사람들로도 구성되어 있다(법 제46조 제2항).

19

| 정답 | ③

| 해설 | 소속 공무원의 질문 또는 검사의 절차·방법 등에 관하여는 이 법에서 정하는 사항을 제외하고는 「행정조사기본법」에서 정하는 바에 따른다(법 제61조 제5항).

www.gosinet.co.kr

노인장기요양보험법

1회 기출예상

2회 기출예상

3회 기출예상

4회 기출예상

5회 기출예상

|오답풀이|

① 국민건강보험공단은 장기요양급여 제공내용 확인, 장기요양급여의 관리·평가 및 장기요양보험료 산정 등 장기요양사업 수행에 필요하다고 인정할 때 장기요양가입자 또는 그 피부양자 및 의료급여수급권자에게 자료의 제출을 요구할 수 있다(법 제60조 제1항 제1호). 국민건강보험공단은 정부기관이 아닌 공기업이므로 소속 직원이 아닌 국민과는 수직적 관계에 있지 않아 국민을 대상으로 명령할 수 없고, 단지 자료의 제출을 요구할 수 있을 뿐이다.

② 보건복지부장관, 특별시장·광역시장·도지사 또는 특별자치시장·특별자치도지사·시장·군수·구청장은 장기요양기관 또는 장기요양급여를 받은 자에게 장기요양급여의 제공 명세에 관한 자료의 제출을 명할 수 있다(법 제61조 제2항).

④ 소속 공무원은 그 권한을 표시하는 증표 및 조사기간, 조사범위, 조사담당자, 관계 법령 등 보건복지부령으로 정하는 사항이 기재된 서류를 지니고 이를 관계인에게 내보여야 한다(법 제61조 제4항).

20

|정답| ①

|해설| 장기요양에 관한 업무수행 중 알게된 비밀을 누설한 자는 2년 이하의 징역 또는 2천만 원 이하의 벌금에 처한다(법 제67조 제1항 제5호). 나머지 선택지는 1년 이하의 징역 또는 1천만 원 이하의 벌금에 해당하는 사유에 해당한다(법 제67조 제2항).

3회 기출예상문제

문제 130쪽

01	④	02	②	03	③	04	①	05	①
06	①	07	①	08	④	09	③	10	②
11	③	12	②	13	③	14	①	15	④
16	①	17	②	18	④	19	②	20	④

01

|정답| ④

|해설| 장기요양기관은 종사자가 장기요양급여를 제공하는 과정에서 발생할 수 있는 수급자의 상해 등 법률상 손해를 배상하는 보험인 전문인 배상책임보험에 가입할 수 있다(법 제35조의5 제1항).

|오답풀이|

① '장기요양급여'는 6개월 이상 동안 혼자서 일상생활을 수행하기 어렵다고 인정되는 자에게 신체활동·가사활동의 지원 또는 간병 등의 서비스나 이에 갈음하여 지급하는 현금 등을 말한다(법 제2조 제2호).

② '장기요양기관'은 장기요양기관을 제공하는 기관으로(법 제2조 제4호) 기관 소재지의 특별자치시장·특별자치도지사·시장·군수·구청장의 지정을 받아 운영한다(법 제31조 제1항).

③ '장기요양요원'이란 장기요양기관에 소속되어 노인 등의 신체활동 또는 가사활동 지원 등의 업무를 수행하는 자를 말한다(법 제2조 제5호).

02

|정답| ②

|해설| ㄷ. 국가 및 지방자치단체는 장기요양급여가 원활히 제공될 수 있도록 공단에 필요한 행정적 또는 재정적 지원을 할 수 있다(법 제4조 제4항).

|오답풀이|

ㄱ. 법 제4조 제1항

ㄴ. 법 제4조 제3항

ㄹ. 법 제4조 제6항

03

| 정답 | ③

| 해설 | ⓒ 장기요양보험료는 국민건강보험료에서 장기요양
보험료율을 곱하여 산정한 금액으로 한다(법 제9조 제1
항).

ⓔ 장기요양보험료는 국민건강보험료와 통합하여 징수한
다(법 제8조 제2항).

| 오답풀이 |

㉠ 법 제7조 제1항

ⓛ 법 제7조 제2항

ⓜ 공단은 외국인근로자 등 대통령령으로 정하는 외국인이
신청하는 경우 장기요양보험가입자에서 제외할 수 있다
(법 제7조 제4항).

04

| 정답 | ①

| 해설 | 장기요양기관이 수급자의 생업을 지원하는 행위는
급여외행위로 수급자 또는 장기요양기관은 이를 요구하거
나 제공할 수 없다(법 제28조의2 제1항 제2호).

| 오답풀이 |

② 법 제13조 제2항

③ 법 제24조 제1항 제1호

④ 법 제40조 제3항 제2호

05

| 정답 | ①

| 해설 | 국민건강보험공단은 장기요양등급판정위원회가 장
기요양인정 및 등급판정의 심의를 완료한 경우 지체 없이
㉠ 장기요양인정서를 작성하여 수급자에게 송부하여야 한
다(법 제17조 제1항).

국민건강보험공단은 장기요양인정서를 송부하는 때 장기요
양급여를 원활히 이용할 수 있도록 월 한도액 범위 안에서
ⓛ 개인별장기요양이용계획서를 작성하여 이를 함께 송부
하여야 한다(법 제17조 제3항).

수급자는 장기요양급여를 받으려면 장기요양기관에 장기요
양인정서와 개인별장기요양이용계획서를 제시하여야 한다
(법 제27조 제3항). 장기요양기관은 수급자가 제시한 장기
요양인정서와 개인별장기요양이용계획서를 바탕으로 ⓒ
장기요양급여제공계획서를 작성하고 수급자의 동의를 받아
그 내용을 국민건강보험공단에 통보하여야 한다(법 제27조
제4항).

> **보충 플러스+**
>
> 「노인장기요양보험법」 개정 주요내용 (시행 2019. 6. 12.)
> 가. 표준장기요양이용계획서의 실효성 강화(제27조)
> 수급자가 장기요양급여를 받으려면 장기요양기관에 장기요
> 양인정서와 표준장기요양이용계획서를 제시하도록 하고, 장
> 기요양기관은 이를 바탕으로 장기요양급여제공계획서를 작
> 성하여 국민건강보험공단에 이를 통보하도록 함.
> ('표준장기요양이용계획서'는 2021. 6. 30. 시행 개정법으로
> 그 명칭이 '개인별장기요양이용계획서'로 변경됨)

06

| 정답 | ①

| 해설 | 장기요양인정 등급판정결과에 관한 공단의 처분에
이의를 제기하는 심사청구는 그 처분이 있음을 안 날로부
터 90일 이내에 문서(전자문서를 포함)로 제기해야 한다
(법 제55조 제2항).

| 오답풀이 |

③ 장기요양인정의 갱신신청은 유효기간이 만료되기 전
30일까지 이를 완료해야 한다(법 제20조 제2항).

④ 특별현금급여수급계좌가 개설된 금융기관은 특별현금급
여만이 특별현금급여수급계좌에 입금되도록 관리하여야
하며(법 제27조의2 제2항), 특별현금급여수급계좌의 예
금에 관한 채권은 압류할 수 없다(법 제66조 제2항).

07

| 정답 | ①

| 해설 | 일정한 기간 동안 장기요양기관에서 수급자를 보호
하는 주·야간보호 및 단기보호와 수급자의 생활을 지원
하는 용구를 제공하거나 대여하는 것(기타재가급여)은 재
가급여에 포함된다(법 제23조 제1항 제1호).

노인장기요양보험법 1회 기출예상 2회 기출예상 3회 기출예상 4회 기출예상 5회 기출예상

단기보호의 급여기간 (「노인장기요양보험법 시행규칙」 제11조)

1. 단기보호급여를 받을 수 있는 기간은 월 9일 이내로 한다. 다만 가족의 여행, 병원치료 등의 사유로 수급자를 돌볼 가족이 없다면 1일 9회 이내의 범위에서 연 4회까지 연장할 수 있다.
2. 2017년 12월 31일 이전에 지정을 받은 장기요양기관 또는 설치신고를 한 재가장기요양기관에서 단기보호급여를 받는 경우 그 단기보호급여를 받을 수 있는 기간은 월 15일 이내, 위와 같은 이유로 1일 15일 이내의 범위에서 연 2회까지 연장할 수 있다.

08

|정답| ④

|해설| 장기요양급여 중 특별현금급여에는 가족요양비, 특례요양비, 요양병원간병비가 있다(법 제23조 제1항 제3호).

09

|정답| ③

|해설| 수급자 또는 장기요양기관은 장기요양급여를 제공받거나 제공할 경우 급여외행위를 요구하거나 제공하여서는 안 된다. 급여외행위란 장기요양행위가 아닌 것으로, 수급자의 가족만을 위한 행위, 수급자 혹은 그 가족의 생업을 위한 행위, 수급자의 일상생활에 지장이 없는 행위를 의미한다(법 제28조의2 제1항).

10

|정답| ②

|해설| 법 제32조의2 제4호, 제5호, 제6호

|오답풀이|

① 재가장기요양기관의 설치 규정(법 제32조)은 2018. 12. 11. 개정으로 장기요양기관과 같은 지정제로 통합·변경되면서 삭제되었다.

③ 장기요양기관의 장은 법 제32조의3에 따른 지정의 유효기간이 끝난 후에도 계속하여 그 지정을 유지하려는 경우에는 소재지를 관할구역으로 하는 특별자치시장·

특별자치도지사·시장·군수·구청장에게 지정 유효기간이 끝나기 90일 전까지 지정 갱신을 신청하여야 한다(법 제32조의4 제1항).

④ 정신질환자는 장기요양기관으로 지정받을 수 없다. 다만 전문의가 장기요양기관 설립·운영 업무에 종사하는 것이 적합하다고 인정하는 사람은 그러하지 아니하다(법 제32조의2 제2호).

「노인장기요양보험법」개정 주요내용 (시행 2019. 12. 12.)
라. 장기요양기관 지정 유효기간 설정 및 지정 갱신제 도입 (제32조의3 및 제32조의4 신설)
장기요양기관 지정의 유효기간을 6년으로 설정하고, 지정의 유효기간이 끝난 후에도 계속하여 그 지정을 유지하려는 자는 지정 유효기간이 끝나기 90일 전까지 지정권자에게 지정 갱신을 신청하도록 함.

11

|정답| ③

|해설| 장기요양기관의 장은 폐업·휴업 신고를 할 때 또는 장기요양기관의 지정갱신을 하지 아니하여 유효기간이 만료될 때 보건복지부령으로 정하는 바에 따라 장기요양급여 제공 자료를 공단으로 이관하여야 한다(법 제36조 제6항).

|오답풀이|

① 장기요양기관의 장은 폐업하거나 휴업하고자 하는 경우 폐업이나 휴업 예정일 전 30일까지 특별자치시장·특별자치도지사·시장·군수·구청장에게 신고하여야 한다(법 제36조 제1항).

② 폐업 신고를 접수받은 특별자치시장·특별자치도지사·시장·군수·구청장은 폐업 예정의 장기요양기관의 인근지역에 대체 장기요양기관이 없는 경우 등 장기요양급여에 중대한 차질이 우려되는 때에는 장기요양기관의 폐업 철회를 권고하거나 다른 조치를 강구하여야 한다(법 제36조 제4항).

④ 장기요양기관의 장은 장기요양기관을 폐업하려는 경우 해당 장기요양기관을 이용하는 수급자가 다른 장기요양기관을 선택하여 이용할 수 있도록 계획을 수립하고 이행하는 조치를 취하여야 한다(법 제36조 제3항 제1호).

12

|정답| ②

|해설| 장기요양기관이 전문인 배상책임보험에 가입하지 않는 경우 공단은 그 기간 동안 장기요양기관에 지급하는 장기요양급여비용의 일부를 감액할 수 있으나(법 제35조의5 제2항) 본법에서는 '장기요양기관은 보험에 가입할 수 있다'고 규정하여 원칙상 기관의 보험 가입을 법률로 강제하고 있지는 않고 있다(법 제35조의5 제1항).

|오답풀이|
① 법 제37조 제1항 제7호
③ 법 제37조 제1항 제6호 라목
④ 법 제37조 제1항 제2호의2, 법 제32조의2 제6호

13

|정답| ③

|해설| 행정제재처분을 받았거나 그 절차를 진행 중인 자는 지체 없이 그 사실을 양수인 등에게 알려야 한다(법 제37조의4 제4항).

|오답풀이|
① 행정제재처분을 받은 장기요양기관 폐업 후 3년 이내에 같은 장소에서 그 배우자나 직계혈족이 장기요양기관을 운영할 경우 그 행정제재처분을 승계한다(법 제37조의4 제1항 제3호).
② 행정제재처분을 받은 장기요양기관을 해당 처분일로부터 3년 내에 합병하여 신설된 장기요양기관은 그 행정제재처분이 승계된다(법 제37조의4 제1항 제2호). 다만 그 사실을 알지 못하였음을 증명한 경우에는 그러하지 아니한다(법 제37조의4 제3항).
④ 행정제재처분을 받은 장기요양기관을 양도받은 양수인이 그 행정제재처분을 승계를 면하기 위해서는 양수인 본인이 해당 사실을 알지 못하였음을 증명해야 한다(법 제37조의4 제3항). 즉 행정제재처분의 승계에 대한 증명책임은 승계를 주장하는 공단이 아닌 승계를 면하고자 하는 양수인이 진다.

14

|정답| ②

|해설| 장기요양기관 중 사회복지시설은 「노인장기요양보험법」이 아닌 「사회복지사업법」에 따른 재무·회계기준을 따른다(법 제35조의2 제1항).

|오답풀이|
① 법 제61조 제2항
③ 법 제36조의2
④ 법 제59조 제2항

15

|정답| ④

|해설| 장기요양급여의 월 한도액을 초과하는 장기요양급여의 비용은 수급자 본인이 전부 부담한다(법 제40조 제2항 제3호).

|오답풀이|
① 공단은 장기요양기관으로부터 시설급여비용의 청구를 받은 경우 그 시설급여비용 중 본인부담금을 공제한 금액인 공단부담금을 해당 장기요양기관에게 지급해야 한다(법 제38조 제2항).
② 법 제35조의4 제2항 제2호
③ 법 제35조 제5항, 법 제37조 제1항 제3호의2

16

|정답| ①

|해설| 국가와 지방자치단체는 장기요양요원의 권리를 보호하기 위하여 장기요양요원지원센터를 설치·운영할 수 있다(법 제47조의2 제1항).

|오답풀이|
② 법 제47조의2 제2항 제1호
③ 법 제47조의2 제2항 제3호
④ 법 제47조의2 제3항

17

|정답| ②

|해설| 「노인장기요양보험법」상 노인장기요양사업과 관련된 국민건강보험공단의 주요 업무 목록은 아래와 같다(법

www.gosinet.co.kr gosinet

노인장기요양보험법
1회 기출예상
2회 기출예상
3회 기출예상
4회 기출예상
5회 기출예상

제48조 제2항)

1. 장기요양보험가입자 및 그 피부양자와 의료급여수급권자의 자격관리

2. 장기요양보험료의 부과·징수 → ㉣

3. 신청인에 대한 조사

4. 장기요양등급판정위원회의 운영 및 장기요양등급 판정 → ㉤

5. 장기요양인정서의 작성 및 개인별장기요양이용계획서의 제공

6. 장기요양급여의 관리 및 평가

7. 수급자 및 그 가족에 대한 정보제공·안내·상담 등 장기요양급여 관련 이용지원에 관한 사항

8. 재가 및 시설 급여비용의 심사 및 지급과 특별현금급여의 지급 → ㉥

9. 장기요양급여 제공내용 확인

10. 장기요양사업에 관한 조사·연구 및 홍보

11. 노인성질환예방사업 → ㉧

12. 이 법에 따른 부당이득금의 부과·징수 등

13. 장기요양급여의 제공기준을 개발하고 장기요양급여비용의 적정성을 검토하기 위한 장기요양기관의 설치 및 운영

14. 그 밖에 장기요양사업과 관련하여 보건복지부장관이 위탁한 업무

| 오답풀이 |

㉠, ㉡, ㉥ 장기요양위원회의 기능(법 제45조)

㉦, ㉨ 장기요양요원지원센터의 업무(법 제47조의2)

18

| 정답 | ④

| 해설 | • 학생 D : 2018. 12. 11. 개정 이전의 「노인장기요양보험법」에 관한 내용이다. 2018. 12. 11. 개정으로 이전의 이의신청, 심사청구, 행정소송 구조의 「노인장기요양보험법」상의 구제절차에 관한 용어를 이의신청 → 심사청구, 심사청구 → 재심사청구로 변경하였다.

• 학생 F : 법 제57조에서는 행정소송을 제기할 수 있는 당사자로 1. 국민건강보험공단의 처분에 이의가 있는 자 2. 심사청구 또는 재심사청구에 대한 결정에 불복하는 자로 규정하고 있다. 따라서 국민건강보험공단의 처분에 이의

가 있다면 심사청구 또는 재심사청구의 결정절차를 거치지 않고 바로 법원에 행정소송을 제기할 수 있다.

| 오답풀이 |

• 학생 B : 「노인장기요양보험법」에는 심사청구(제55조), 재심사청구(제56조), 행정소송(제57조)을 규정하고 있다.

• 학생 C : 재심사위원회의 재심사에 관한 절차에 관하여는 「행정심판법」을 준용한다(법 제56조의2).

보충 플러스+

「노인장기요양보험법」 개정 주요내용 (시행 2019. 12. 12.)
바. 장기요양 권리구제 용어 정비(제55조부터 제57조까지, 제56조의2 신설 등)
국민이 장기요양인정 등에 대한 권리구제 절차를 보다 쉽게 이해할 수 있도록 종전의 이의신청과 심사청구의 명칭을 「국민연금법」과 같이 심사청구와 재심사청구로 변경하고, 재심사의 법적 성격을 「행정심판법」에 따른 행정심판으로 명확히 규정함.

19

| 정답 | ②

| 해설 | ㉠ 장기요양위원회(법 제45조), ㉢ 장기요양재심사위원회(법 제56조 제2항)는 보건복지부장관 소속, ㉡ 장기요양등급판정위원회는 국민건강보험공단 소속이다(법 제52조 제1항).

20

| 정답 | ④

| 해설 | 행정법규에서 특별하게 직무상 취득한 비밀누설금지의무를 부과하고 이에 대한 처벌규정을 두는 것은 공무원이 아닌 자에게 비밀엄수의무를 부과하기 위한 목적으로 제정된 것으로, 공무원이 비밀을 누설한 경우는 행정법규가 아닌 「형법」을 적용하는 것이 일반적이다.

| 오답풀이 |

① 법 제62조 제1호

② 법 제67조 제1항 제5호

③ 법 제37조 제1항에서 장기요양기관 지정취소사유로 법 제62조 위반을 직접 명시하고 있지 않다. 하지만 법 제62조를 위반하여 금고 이상의 형이 확정된다면

장기요양기관 지정의 결격사유에 해당되어 법 제37조 제1항 제2호의2에 따라 장기요양기관의 지정이 취소될 수 있다.

보충 플러스+

비밀누설 행위 관련 처벌규정
직무상 취득한 비밀을 누설한 경우에는 형법을 적용하는 것이 일반적이나 행정법규에서 특별하게 직무상 취득한 비밀누설금지의무를 부과하고 이를 위반했을 때 처벌하는 규정을 별도로 두는 취지는 공무원이 아닌 민간위원의 참여를 보장하면서 공무원이 준수해야할 비밀엄수의무를 부과함으로써 비밀엄수의무에 대한 침해로 인하여 위험하게 되는 이익을 보호하기 위함이다.

최환용, "행정형벌 정비방안 연구", 한국법제연구원, 2015, 56p.

4회 기출예상문제 문제 140쪽

01	②	02	②	03	③	04	②	05	①
06	④	07	②	08	④	09	④	10	④
11	②	12	③	13	②	14	④	15	③
16	③	17	②	18	④	19	③	20	④

01

| 정답 | ②

| 해설 | '장기요양기관'은 장기요양급여를 제공할 수 있도록 지정을 받은 기관을 의미한다(법 제2조 제4호).
노인등의 신체활동 또는 가사활동 등의 업무를 수행하는 자는 '장기요양요원'에 대한 정의에 해당한다(법 제2조 제5호).

| 오답풀이 |
① 법 제2조 제1호
③ 법 제2조 제2호
④ 법 제2조 제3호

02

| 정답 | ②

| 해설 | 국가는 매년 예산의 범위 안에서 해당 연도 장기요양보험료 예상수입액의 100분의 20에 상당하는 금액을 공단에 지원한다(법 제58조 제1항).

| 오답풀이 |
① 법 제3조 제1항
③ 법 제48조 제3항
④ 법 제47조의2 제1항

03

| 정답 | ③

| 해설 | 「노인장기요양보험법」상 장기요양보험은 국민건강위원회의 가입자로 하고 있고(법 제7조 제3항), 장기요양보

험료율은 장기요양위원회의 심의를 거쳐 대통령령으로 정한다(법 제8조 제2항).

04

| 정답 | ②

| 해설 | ㄱ. 수급자는 장기요양인정서와 표준장기요양이용계획서가 도달한 날로부터 장기요양급여를 받을 수 있다(법 제27조 제1항). 단 수급자에게 돌볼 가족이 없는 경우 등 대통령령으로 정하는 사유가 있는 경우에는 신청서를 제출한 날부터 장기요양인정서가 도달되는 날까지의 기간 중에도 장기요양급여를 받을 수 있다(법 제27조 제2항).
　ㄹ. 사회복지전담공무원과 치매안심센터의 장(치매환자의 경우)은 본인 또는 가족의 동의를 받아 장기요양인정의 신청을 대리할 수 있다(법 제22조 제2항).

| 오답풀이 |
ㄴ. 법 제19조 제1항
ㄷ. 법 제12조 제2호

05

| 정답 | ①

| 해설 | 거짓이나 부정한 방법으로 장기요양인정을 받은 경우 등급판정위원회는 이에 대해 공단이 제출한 조사 결과를 토대로 다시 등급판정을 할 수 있다(법 제15조 제5항).

| 오답풀이 |
② 공단은 장기요양급여를 받고 있는 자가 정당한 사유 없이 공단의 조사나 자료제출 요구에 응하지 않을 경우 이를 이유로 장기요양급여의 전부 또는 일부를 제공하지 않을 수 있다(법 제29조).
③ 거짓으로 장기요양인정을 받은 사실이 확인되어 장기요양등급을 재조정한 경우 공단은 그 장기요양급여 또는 장기요양급여비용의 상당하는 금액에 대해 부당이득을 이유로 이를 징수할 수 있다(법 제43조 제1항 제1호).
④ 공단은 거짓 진단에 따라 장기요양급여에 제공한 때 이에 관여한 자에 대하여 장기요양급여를 받은 자와 연대하여 징수금을 납부하게 할 수 있다(법 제43조 제2항).

06

| 정답 | ④

| 해설 | 수급자를 장기요양기관에 위탁하는 경우에도 그 기간이 하루 중 일부인 경우(주·야간보호)나 보건복지부령으로 정하는 단기간의 보호(단기보호)인 경우에는 재가급여로 분류한다(법 제23조 제1항 제1호).

| 오답풀이 |
① 장기요양요원인 간호사 등이 의사, 한의사 또는 치과의사의 지시서에 따라 수급자의 가정을 방문하여 간호, 진료보조, 요양상담 또는 구강위생 등을 제공하는 장기요양급여는 재가급여 중 방문간호에 해당한다(법 제23조 제1항 제1호 다목). 방문요양은 장기요양요원이 수급자의 가정을 방문하여 신체활동 및 가사활동을 지원하는 장기요양급여를 의미한다(법 제23조 제1항 제1호 가목).

② 수급자를 장기요양기관에 장기간 입소시키는 것은 재가
급여와는 별개인 시설급여로 분류한다(법 제23조 제1항
제1호).

③ 법 제23조 제1항 제1호 라목

07

|정답| ②

|해설| 특별현금급여는 수급자 명의의 지정 계좌(특별현금
수급계좌)로 입금해야 하며(법 제27조의2 제1항), 가족요
양비 역시 해당 수급자에게 지급하여야 한다(법 제24조 제
1항).

|오답풀이|

① 법 제24조 제1항 제3호

③ 법 제66조 제2항

④ 법 제65조

08

|정답| ④

|해설| 장기요양기관과의 급여계약 체결 시 제시해야 하며,
수급자가 장기요양급여를 원활히 이용할 수 있도록 발급한
이용계획서라는 서식 안내문과 월 한도액에 따른 요양급여
에 관한 사항을 그 내용으로 하는 점에서 이는 표준장기요
양이용계획서(시행규칙 별지 제7호 서식)임을 알 수 있다.
개인별장기요양이용계획서는 수급자가 월 한도액 범위 내
에서 장기요양급여를 원활히 이용할 수 있도록 공단이 작
성하는 장기요양이용계획의 지침서로, 공단은 장기요양인
정시 이를 장기요양인정서와 함께 수급자에게 송부해야 하
고(법 제17조 제3항), 수급자는 장기요양기관으로부터 요
양급여를 제공받기 위해서는 장기요양인정서와 함께 이를
제시해야 한다(법 제27조 제3항).

09

|정답| ④

|해설| 다음의 어느 하나에 해당하는 자는 장기요양기관으
로 지정받을 수 없다(법 제32조의2).

1. 미성년자, 피성년후견인 또는 피한정후견인 → ㉠

2. 「정신건강증진 및 정신질환자 복지서비스 지원에 관한
   법률」 제3조 제1호의 정신질환자. 다만, 전문의가 장기
   요양기관 설립·운영 업무에 종사하는 것이 적합하다고
   인정하는 사람은 그러하지 아니하다.

3. 「마약류 관리에 관한 법률」 제2조 제1호의 마약류에 중
   독된 사람 → ㉡

4. 파산선고를 받고 복권되지 아니한 사람 → ㉣

5. 금고 이상의 실형을 선고받고 그 집행이 종료(집행이 종
   료된 것으로 보는 경우를 포함한다)되거나 집행이 면제
   된 날부터 5년이 경과되지 아니한 사람

6. 금고 이상의 형의 집행유예를 선고받고 그 유예기간 중
   에 있는 사람 → ㉤

7. 대표자가 1. ~ 6.까지의 규정 중 어느 하나에 해당하는
   법인

10

|정답| ④

|해설| 특별자치시장·특별자치도지사·시장·군수·구청
장은 갱신 심사에 필요하다고 판단되는 경우에는 장기요양
기관에 추가자료의 제출을 요구하거나 소속 공무원으로 하
여금 현장심사를 하게 할 수 있다(법 제32조의4 제2항).

|오답풀이|

① 장기요양기관 지정의 유효기간은 지정을 받은 날로부터
   6년으로 한다(법 제32조의3).

② 특별자치시장·특별자치도지사·시장·군수·구청장
   은 갱신 심사를 완료한 경우 그 결과를 지체 없이 해당
   장기요양기관의 장에게 통보하여야 한다(법 제32조의4
   제4항).

③ 장기요양기관의 갱신 심사과정에서의 현장심사는 공단
   직원이 아닌 자치단체 소속 공무원이 한다(법 제32조의
   4 제2항).

11

|정답| ②

|해설| 장기요양기관의 관련자를 포함하여 누구든지 영리
를 목적으로 금전, 물품, 노무, 향응, 그 밖의 이익을 제공

노인장기요양보험법 1회 기출예상 2회 기출예상 3회 기출예상 4회 기출예상 5회 기출예상

하거나 제공할 것을 약속하는 방법으로 수급자를 장기요양
기관에 소개, 알선 또는 유인하는 행위 및 이를 조장하는
행위를 하여서는 아니 된다(법 제35조 제6항).

| 오답풀이 |

① 장기요양기관은 수급자로부터 장기요양급여신청을 받
은 때 장기요양급여의 제공을 거부하여서는 아니 된다.
다만, 입소정원에 여유가 없는 경우 등 정당한 사유가
있는 경우는 그러하지 아니하다(법 제35조 제1항).

③ 특별자치시장·특별자치도지사·시장·군수·구청장
은 장기요양기관 재무·회계기준을 위반한 장기요양기
관에 대하여 6개월 이내의 범위에서 일정한 기간을 정
하여 시정을 명할 수 있다(법 제36조의2).

④ 장기요양기관은 수급자가 장기요양급여를 쉽게 선택하
도록 하고 장기요양기관이 제공하는 급여의 질을 보장
하기 위하여 장기요양기관별 급여의 내용, 시설·인력
등 현황자료 등을 공단이 운영하는 인터넷 홈페이지에
게시하여야 한다(법 제34조 제1항).

12

| 정답 | ③

| 해설 | 장기요양요원지원센터는 장기요양요원의 권리 침
해에 대한 상담 및 지원업무를 수행하나(법 제47조의2 제
2항 제1호), 권리침해사실에 대한 직접수사권은 존재하지
않는다.

| 오답풀이 |

① 법 제35조의4 제2항 제2호

② 법 제35조의4 제1항 제1호

④ 법 제37조 제1항 제1호

13

| 정답 | ③

| 해설 | 특별자치시장·특별자치도지사·시장·군수·구청
장은 장기요양기관을 지정취소하거나 업무정지명령을 한
경우에는 지체 없이 그 내용을 공단에 통보해야 한다(법 제
37조 제2항). 장기요양기관의 지정취소 결정 전 사전통보
의무에 대한 규정은 존재하지 않는다.

| 오답풀이 |

① 법 제37조 제2항

② 법 제37조 제6항 제1호

④ 법 제37조 제6항 제2호

14

| 정답 | ④

| 해설 | 특별자치시장·특별자치도지사·시장·군수·구청
장은 위반사실 등의 공표를 하려는 경우에는 청문을 하여
야 한다(법 제63조 제3호).

| 오답풀이 |

① 법 제37조의3 제1항 제1호

② 법 제37조의3 제3항

③ 법 제37조의3 제1항

15

| 정답 | ③

| 해설 | 장기요양기관의 법인은 소속 종사자의 위반행위로
처벌될 경우 위반자의 처벌과는 별도로 해당 법인에 대하
여도 해당 조의 벌금형을 과한다(법 제68조). 다만 문제의
사례는 법 제69조 제1항 제8호에 따라 벌금형이 아닌 500
만 원 이하의 과태료 부과 대상에 해당하므로 제68조의 내
용이 적용되지 않는다.

| 오답풀이 |

① 법 제37조의5 제1항, 제69조 제1항 제8호

② 법 제37조의5 제2항

④ 법 제63조 제4호

> **보충 플러스+**
>
> 「노인장기요양보험법」 제29조 제2항, 제3항 (2020. 3. 31. 신
> 설, 2020. 10. 1. 시행)
> ② 공단은 장기요양급여를 받고 있거나 받을 수 있는 자가
> 장기요양기관이 거짓이나 그 밖의 부정한 방법으로 장기
> 요양급여비용을 받는 데에 가담한 경우 장기요양급여를
> 중단하거나 1년의 범위에서 장기요양급여의 횟수 또는 제
> 공 기간을 제한할 수 있다.
> ③ 제2항에 따른 장기요양급여의 중단 및 제한 기준과 그 밖
> 에 필요한 사항은 보건복지부령으로 정한다.

16

| 정답 | ③

| 해설 | 장기요양인정신청서는 장기요양등급판정을 위해 공단에 제출하는 신청서로, 그 내용에 수급자의 장기요양등급과 제공받는 급여의 종류를 감안하여 산정되는 장기요양급여의 월 한도액이 반영될 수 없다. 한편 공단의 장기요양등급판정을 직후 작성하는 개인별장기요양이용계획서는 월 한도액 범위 안에서 작성해야 한다(법 제17조 제3항).

| 오답풀이 |

① 법 제40조 제2항 제3호

② 법 제43조 제1항 제2호

④ 법 제28조 제1항

17

| 정답 | ②

| 해설 | 근로자단체, 사용자단체, 시민단체(비영리민간단체), 노인단체, 농어업인단체 또는 자영자단체를 대표하는 자 중 보건복지부장관이 위촉하는 자는 장기요양위원회의 위원이 될 수 있다(법 제46조 제2항 제1호).

| 오답풀이 |

① 장기요양위원회의 위원장은 보건복지부차관이 되고, 부위원장은 위원 중에서 위원장이 지명한다(법 제46조 제3항).

③ 장기요양위원회 위원의 임기는 3년으로 한다. 다만, 공무원인 위원의 임기는 재임기간으로 한다(법 제46조 제4항).

④ 장기요양위원회의 회의는 구성원 과반수의 출석으로 개의하고 과반수의 찬성으로 의결한다(법 제47조 제1항).

보충 플러스+

호선(互選)
어떤 조직의 구성원들이 서로 투표하여 그 조직 구성원 가운데에서 어떠한 사람을 뽑음. 또는 그 선거.
(예) 임원추천위원회의 위원장은 임원추천위원회의 임원인 공기업·준정부기관의 비상임이사 중에서 임원추천위원회의 호선으로 선출한다(「공공기관의 운영에 관한 법률」 제9조 제5항).

18

| 정답 | ④

| 해설 | 장기요양등급판정위원회, 장기요양위원회, 공표심의위원회, 심사위원회 및 재심사위원회 위원 중 공무원이 아닌 사람은 「형법」 제127조(공무상 비밀의 누설) 및 제129조부터 제132조까지(수뢰죄)의 규정을 적용할 때에는 공무원으로 본다(법 제66조의2).

| 오답풀이 |

① 「노인장기요양보험법」 제6조의2는 보건복지부장관이 장기요양등급판정위원회의 판정에 따라 장기요양급여를 받을 사람의 규모 등을 포함한 장기요양사업의 실태를 파악하기 위한 실태조사를 실시하고 이를 공표할 것을 규정하고 있다.

② 특별자치시·특별자치도·시·군·구 소속 공무원은 특별자치시장·특별자치도지사·시장·군수·구청장의 추천으로 장기요양등급판정위원회의 위원으로 위촉될 수 있고, 이 경우의 임기는 해당 공무원의 재임기간으로 한다(법 제52조 제4항, 제5항).

③ 장기요양등급판정위원회의 위원 구성에는 의사 또는 한의사가 1인 이상 각각 포함되어야 한다(법 제52조 제4항). 다만 장기요양등급판정위원회는 이와 별개로 장기요양인정신청자를 심의·판정을 하는 때 의사소견서를 발급한 의사의 의견을 들을 수 있다(법 제15조 제3항).

19

| 정답 | ③

| 해설 | 재심사청구에는 심사청구와 달리 청구기간의 연장에 관한 규정이 없어 청구기간을 임의로 연장할 수 없다(법 제56조 제1항).

| 오답풀이 |

① 법 제55조 제2항

② 법 제55조 제3항

④ 법 제56조 제2항

노인장기요양보험법

1회 기출예상

2회 기출예상

3회 기출예상

4회 기출예상

5회 기출예상

20

| 정답 | ④

| 해설 | 「국민건강보험법」 제45조의 내용인 요양급여비용의 계약(수가계약)은 의료기관 등을 대상으로 요양기관의 종류별로 국민건강보험 요양급여비용 지급에 대한 공단과의 1년 단기계약에 관한 규정으로, 장기요양급여비용 청구 규정을 포함하여 「노인장기요양보험법」에서는 해당 조문을 준용하고 있지 않다.

| 오답풀이 |

① 소멸시효에 관하여는 「국민건강보험법」의 내용을 준용하고 있다(법 제64조).

② 공무상재해에 대한 공무원연금공단의 요양제도 적용 등에 따른 보험급여 등의 중복지급 방지를 위한 장기요양급여 제한규정에 관하여는 「국민건강보험법」의 내용을 준용하고 있다(법 제30조)

③ 장기요양보험료의 징수 범위에 대하여는 「국민건강보험법」의 내용을 준용하고 있다(법 제11조).

5회 기출예상문제　　　문제 150쪽

01	②	02	②	03	④	04	①	05	③
06	④	07	②	08	③	09	③	10	④
11	③	12	①	13	②	14	①	15	④
16	②	17	①	18	④	19	①	20	②

01

| 정답 | ②

| 해설 | ㉠ "장기요양급여"란 등급판정에 의해 6개월 이상 동안 혼자서 일상생활을 수행하기 어렵다고 인정되는 자에게 신체활동·가사활동의 지원 또는 간병 등의 서비스나 이에 갈음하여 지급하는 현금 등을 말한다(법 제2조 제2호).

㉡ "장기요양사업"이란 장기요양보험료, 국가 및 지방자치단체의 부담금 등을 재원으로 하여 노인등에게 장기요양급여를 제공하는 사업을 말한다(법 제2조 제3호).

㉢ "장기요양기관"이란 특별자치시장·특별자치도지사·시장·군수·구청장으로부터 지정을 받은 기관으로서 장기요양급여를 제공하는 기관을 말한다(법 제2조 제4호).

㉣ "장기요양요원"이란 장기요양기관에 소속되어 노인등의 신체활동 또는 가사활동 지원 등의 업무를 수행하는 자를 말한다(법 제2조 제5호).

02

| 정답 | ②

| 해설 | 국가 및 지방자치단체는 노인인구 및 지역특성 등을 고려하여 장기요양급여가 원활하게 제공될 수 있도록 적정한 수의 장기요양기관을 확충하고 장기요양기관의 설립을 지원하여야 한다(법 제4조 제3항).

| 오답풀이 |

① 법 제4조 제4항

③ 법 제4조 제6항

④ 법 제5조

03

| 정답 | ④

| 해설 | ⊙ 의료급여수급권자는 장기요양보험의 보험가입 여부와 관계없이 장기요양인정을 신청할 수 있다(법 제12조 제2호).

ⓒ 장기요양인정을 신청하는 자는 장기요양인정신청서에 의사 또는 한의사가 발급하는 의사소견서를 첨부하여 제출해야 하나, 도서·벽지 지역에 거주하여 의료기관을 방문하기 어려운 자 등 대통령령으로 정하는 자는 의사소견서를 제출하지 않을 수 있다(법 제13조 제2항).

ⓒ 신청인이 치매환자의 경우 치매안심센터의 장이 가족이나 친족 기타 이해관계인의 동의를 받아 장기요양인정의 신청을 대리할 수 있다(법 제22조 제2항 제2호).

04

| 정답 | ①

| 해설 | 장기요양인정을 신청하는 자는 장기요양인정신청서를 의사 또는 한의사가 발급하는 의사소견서를 첨부하여 국민건강보험공단에 제출하여야 한다(법 제13조 제1항). 물리치료사와 작업치료사는 의사가 아닌 의료기사로 분류한다.

보충 플러스+

「의료기사 등에 관한 법률」 제1조의2(정의)
이 법에서 사용하는 용어의 뜻은 다음과 같다.
1. "의료기사"란 의과 또는 치과의사의 지도 아래 진료나 의화학적(醫化學的) 검사에 종사하는 사람을 말한다.

「의료기사 등에 관한 법률」 제2조(의료기사의 종류 및 업무)
① 의료기사의 종류는 임상병리사, 방사선사, 물리치료사, 작업치료사, 치과기공사 및 치과위생사로 한다.

05

| 정답 | ③

| 해설 | 법 제14조 제2항에서는 "조사에 필요한 인원은 2명 이상의 소속 직원이 조사할 수 있도록 노력해야 한다"는 훈시규정의 형태로 이를 규정하고 있다. 즉 반드시 2명 이상의 국민건강보험공단 소속 직원의 참여를 요구하는 것이

아니다.

| 오답풀이 |

① 법 제13조 제1항

② 법 제22조 제1항

④ 법 제14조 제1항

보충 플러스+

• 훈시규정 : 위반행위를 하더라도 그 효력에는 영향이 없고, 처벌되지도 않는 규정
• 강행규정 : 위반행위시 무효가 되며, 벌칙에 따라 처벌 대상이 되는 규정

06

| 정답 | ④

| 해설 | 법 제17조 제1항

| 오답풀이 |

① 장기요양인정서는 국민건강보험공단의 등급판정위원회가 작성하여 수급자에게 송부한다(법 제17조 제1항).

② 개인별장기요양이용계획서는 국민건강보험공단이 작성하여 장기요양인정서와 함께 수급자에게 송부한다(법 제17조 제3항).

③ 장기요양인정서를 작성할 때에는 수급자의 장기요양등급 및 생활환경, 수급자와 그 가족의 욕구 및 선택, 시설급여를 제공하는 경우 장기운영기관이 운영하는 시설현황 등을 고려해야 한다(법 제18조).

07

| 정답 | ②

| 해설 | 국민건강보험공단은 수급자가 장기요양기관이 아닌 노인요양시설 등의 기관 또는 시설에서 재가급여 또는 시설급여에 상당한 장기급여를 받은 경우, 장기요양급여비용의 일부를 특별현금급여로 특례요양비를 지급받을 수 있다(법 제25조).

| 오답풀이 |

① 신체·정신 또는 성격상의 이유로 가족 등으로부터 장기요양을 받아야 하는 자는 국민건강보험공단으로부터 특별현금급여로 가족요양비를 지급받을 수 있다(법 제24조 제1항 제3호).

③ 천재지변이나 이와 유사한 사유로 장기요양기관이 제공하는 장기요양급여를 이용하기 어렵다고 보건복지부장관이 인정하는 경우 가족요양비를 지급할 수 있다(법 제24조 제1항 제2호).

④ 특별현금급여 중 요양병원간병비의 지급 대상은 종합병원이 아닌 요양병원에 입원한 때에 해당한다(법 제26조 제1항).

08

| 정답 | ③

| 해설 | 장기요양기관의 지정을 받지 않고 장기요양기관을 운영하거나, 거짓이나 그 밖의 부정한 방법으로 지정을 받은 자는 2년 이하의 징역 또는 2천만 원 이하의 벌금에 처한다(법 제67조 제1항 제1호).

| 오답풀이 |

① 의료기관이 아닌 자가 설치·운영하는 장기요양기관이 방문간호를 제공할 경우, 장기요양기관 내에 방문간호의 관리책임자로 간호사를 두어야 한다(법 제31조 제5항).

② 장기요양기관의 지정은 공단이 아닌 특별자치시장·특별자치도지사·시장·군수·구청장의 권한에 속한다(법 제31조 제1항). 특별자치시장·특별자치도지사·시장·군수·구청장은 장기요양기관을 지정한 때 지체 없이 지정 명세를 공단에 통보하여야 한다(법 제31조 제4항).

④ 장기요양기관의 지정취소를 받은 후 3년이 지나지 않은 자는 장기요양기관으로 지정받을 수 없다(법 제37조 제8항).

09

| 정답 | ③

| 해설 | 〈자료〉의 서비스가 장기요양급여 수급자를 대상으로 하고, 서비스 내용이 노인재활활동을 위한 프로그램들로 구성되어 있고 일정이 크게 주간과 야간으로 나누어져 있다는 점에서 이는 노인장기요양급여 중 주·야간보호에 해당한다. 우리나라에서 노인요양시설 중 주·야간보호급여를 주로 하는 시설을 '데이케어센터'라고 부른다.

주·야간보호는 수급자를 하루 중 일정한 시간 동안 장기요양기관에 보호하여 신체활동 지원 및 심신기능의 유지·향상을 위한 교육·훈련 등을 제공하는 재가급여이다(법 제23조 제1항 제1호 라목).

10

| 정답 | ④

| 해설 | 누구든지 영리를 목적으로 금전, 물품, 노무, 향응, 그 밖의 이익을 제공하거나 제공할 것을 약속하는 방법으로 수급자를 장기요양기관에 소개, 알선 또는 유인하는 행위 및 이를 조장하는 행위를 하여서는 아니 된다(법 제35조 제6항).

① 장기요양기관은 수급자로부터 장기요양급여신청을 받은 때 장기요양급여의 제공을 거부하여서는 안 되는 것이 원칙이나, 입소정원에 여유가 없는 등 거부에 정당한 사유가 있는 경우에는 그러하지 아니하다(법 제35조 제1항).

② 장기요양기관은 영리를 목적으로 수급자가 부담해야 하는 본인부담금을 면제하거나 감경하는 행위를 하여서는 아니 된다(법 제35조 제5항).

③ 수급자의 생업 지원은 급여외행위에 해당하므로 장기요양기관은 이를 제공하여서는 안 된다(법 제28조의2 제1항 제2호).

11

| 정답 | ③

| 해설 | 특별자치시장·특별자치도지사·시장·군수·구청장은 휴업신고를 접수한 후 인근 지역에 대체 장기요양기관이 없어 장기요양급여에 중대한 차질이 우려될 때에는 휴업 철회를 권고하거나 그 밖의 다른 조치를 강구해야 한다(법 제36조 제4항).

| 오답풀이 |

① 법 제36조 제1항

② 법 제36조 제3항 제2호

④ 장기요양기관의 장은 휴업 신고를 할 때 장기요양급여 제공 자료를 공단으로 이관하여야 하나, 휴업 예정일 전까지 공단의 허가 하에 이를 직접 보관할 수 있다(법 제36조 제6항).

12

|정답| ①

|해설| 장기요양등급판정위원회는 특별자치시 · 특별자치도 · 시 · 군 · 구 단위로 국민건강보험공단에 두고, 그 운영은 국민건강보험공단의 업무에 해당한다(법 제48조 제1항 제4호, 제52조).

|오답풀이|

② 특별자치시장 · 특별자치도지사 · 시장 · 군수 · 구청장은 갱신 심사에 필요하다고 판단되는 경우에는 장기요양기관에 추가자료의 제출을 요구하거나 소속 공무원으로 하여금 현장심사를 하게 할 수 있다(법 제32조의4 제2항).

③ 장기요양기관의 시설 및 인력 등 중요한 사항을 변경하기 위해서는 특별자치시장 · 특별자치도지사 · 시장 · 군수 · 구청장의 변경지정을 받아야 하며, 그 외의 장기요양기관에 관한 사항을 변경하기 위해서는 특별자치시장 · 특별자치도지사 · 시장 · 군수 · 구청장에게 변경신고를 해야 한다(법 제33조 제1항, 제2항).

④ 보건복지부장관 또는 특별자치시장 · 특별자치도지사 · 시장 · 군수 · 구청장은 거짓으로 재가 · 시설급여비용을 청구한 금액이 1천만 원 이상으로 지정취소처분 혹은 과징금 부과처분이 확정된 경우, 그 위반사실, 처분내용, 장기요양기관의 명칭 · 주소, 장기요양기관의 장의 성명 등 다른 장기요양기관과의 구별에 필요한 사항을 공표할 수 있다(법 제37조의3 제1항 제1호).

보충 플러스+

위반사실 공표에 대한 보건복지부장관의 공표권한 추가 (2020. 10. 1. 시행)
보건복지부장관 또는 특별자치시장 · 특별자치도지사 · 시장 · 군수 · 구청장은 장기요양기관이 거짓으로 재가 · 시설급여비용을 청구하였다는 이유로 제37조 또는 제37조의2에 따른 처분이 확정된 경우로서 다음 각 호의 어느 하나에 해당하는 경우에는 위반사실, 처분내용, 장기요양기관의 명칭 · 주소, 장기요양기관의 장의 성명, 그 밖에 다른 장기요양기관과의 구별에 필요한 사항으로서 대통령령으로 정하는 사항을 공표하여야 한다. 다만, 장기요양기관의 폐업 등으로 공표의 실효성이 없는 경우에는 그러하지 아니하다.
1. 거짓으로 청구한 금액이 1천만 원 이상인 경우
2. 거짓으로 청구한 금액이 장기요양급여비용 총액의 100분의 10 이상인 경우

13

|정답| ②

|해설| 장기요양기관 폐업 후 3년 이내에 같은 장소에서 종전에 행정제재처분을 받은 자의 배우자나 직계혈족이 장기요양기관을 설립한 경우 해당 행정제재처분의 효과를 승계한다(법 제37조의4 제1항 제3호). 그리고 제3자의 경우와 같이 배우자나 직계혈족의 경우 역시 해당 사실을 알지 못하였음을 증명한다면 행정처분의 승계효과를 취소할 수 있다(법 제37조의4 제3항).

|오답풀이|

① 법 제37조의4 제1항 제1호

③ 법 제37조의3

④ 법 제37조의4 제1항 제2호

14

|정답| ①

|해설| 문제의 기관은 보건복지부장관 소속의 심의기관인 장기요양위원회이다. 국민건강보험종합계획 및 그 시행계획에 대한 사항을 심의하는 기관은 국민건강보험의 건강보험정책심의위원회이다.

15

|정답| ④

|해설| 등급판정위원회, 장기요양위원회, 공표심의위원회, 심사위원회 및 재심사위원회 위원 중 공무원이 아닌 사람은 「형법」 제127조 및 제129조부터 제132조까지의 규정을 적용할 때에는 공무원으로 본다(법 제66조의2).

16

|정답| ②

|해설| 재가 및 시설급여비용에 대한 심의업무는 보건복지부장관 소속 심의기관인 장기요양위원회의 업무에 해당한다.

|오답풀이|

① 법 제48조 제4항

③ 법 제50조 제1항

④ 공단은 장기요양사업을 수행하기 위하여 두는 조직 등을 건강보험사업을 수행하는 조직 등과 구분하여 따로 두어야 한다. 다만 자격관리와 보험료 부과·징수업무는 그러하지 아니한다(법 제49조).

17

| 정답 | ①

| 해설 | 등급판정위원회의 위원장은 위원 중에서 특별자치시장·특별자치도지사·시장·군수·구청장이 위촉한다(법 제53조 제1항).

| 오답풀이 |

② 법 제52조 제2항　　③ 법 제52조 제5항

④ 법 제53조 제2항

18

| 정답 | ④

| 해설 | 공단의 처분에 이의가 있는 자와 심사청구 또는 재심사청구에 대한 결정에 불복하는 자는 행정소송을 제기할 수 있다(법 제57조). 즉 행정소송은 심사청구 또는 재심사청구에 대한 불복절차로 이용할 수도 있고, 심사청구나 재심사청구 없이 바로 행정소송을 제기할 수도 있다.

| 오답풀이 |

① 법 제55조 제3항　　② 법 제55조 제2항

③ 심사청구에 대한 결정에 불복하는 사람은 장기요양재심사위원회에 재심사를 청구할 수 있다(법 제56조 제1항). 즉 재심사청구는 반드시 심사청구의 절차를 거쳐야 할 것을 요구하는 심사청구의 불복절차이다.

19

| 정답 | ①

| 해설 | ⓒ 특별자치시장·특별자치도지사·시장·군수·구청장은 장기요양기관의 종사자가 거짓이나 그 밖의 부정한 방법으로 재가급여비용 또는 시설급여비용을 청구하는 행위에 가담한 경우 해당 종사자가 장기요양급여를 제공하는 것을 1년의 범위에서 제한하는 처분을 할 수 있다(법 제37조의5 제1항).

| 오답풀이 |

㉠ 보건복지부장관은 장기요양급여를 원활하게 제공하기 위하여 5년 단위로 장기요양기본계획을 수립·시행하여야 한다(법 제6조 제1항).

㉢ 장기요양기관 지정의 유효기간은 지정을 받은 날부터 6년으로 한다(법 제32조의3).

㉣ 등급판정위원회는 신청인이 신청서를 제출한 날부터 30일 이내에 장기요양등급판정을 완료하여야 한다. 다만, 신청인에 대한 정밀조사가 필요한 경우 등 기간 이내에 등급판정을 완료할 수 없는 부득이한 사유가 있는 경우 30일 이내의 범위에서 이를 연장할 수 있다(법 제16조 제1항).

㉤ 심사청구에 대한 결정에 불복하는 사람은 그 결정통지를 받은 날부터 90일 이내에 장기요양재심사위원회에 재심사를 청구할 수 있다(법 제56조 제1항).

20

| 정답 | ②

| 해설 | 장기요양기관의 지정갱신을 하지 않는 경우 장기기관지정의 효력이 만료되며, 지방자치단체장의 장기요양기관 지정갱신신청권고(법 제36조 제4항)는 어디까지나 권고사항에 불과하므로, 수급자의 권익을 보호하기 위한 필요한 조치(법 제36조 제3항)를 취하지 않은 등의 특별한 위반사항이 없다면 특별자치시장·특별자치도지사·시장·군수·구청장의 권고불응만을 이유로 제재대상이 될 수는 없다.

| 오답풀이 |

① 장기요양급여비용에 대한 명세서를 교부하지 않는 자에 대하여 500만 원 이하의 과태료를 부과한다(법 제69조 제1항 제2호의3).

③ 장기요양보험사업을 수행하는 자가 아닌 자는 보험계약의 명칭에 노인장기요양보험 기타 유사한 용어를 사용하지 못하며(법 제62조의2), 이를 위반한 경우 500만 원 이하의 과태료에 처한다(법 제69조 제1항 제9호).

④ 폐업 또는 휴업하려는 장기요양기관의 수급자가 부담한 비용 중 정산하여야 할 비용이 있는 경우 이를 정산하는 조치를 취하지 않는 장기요양기관의 장에 대하여 수급자의 권익보호조치를 하지 않음을 이유로 1년 이하의 징역 또는 1천만 원 이하의 벌금에 처한다(법 제67조 제2항 제3호).

최고 적중률에 도전한다!

채용시험의 모든 **유형**이 이 안에 있다.

초록이 모듈형 2022 개정판

고시넷 초록이 NCS

모듈형 ① 통합 기본서

■ 948쪽   ■ 정가_28,000원

고시넷 초록이 NCS

모듈형 ② 통합 문제집

■ 792쪽   ■ 정가_28,000원

고시넷 노인장기요양보험법

보험공단 | 직무시험(법률)

고시넷
공기업 통합전공
최신기출문제집

■ 836쪽　　■ 정가_30,000원

모듈형_NCS

코레일_NCS

철도공기업_NCS

에너지_NCS